英語で手帳に
ちょこっと日記を書こう

神林サリー

永岡書店

Let's start now!
英語日記は手帳に書こう！

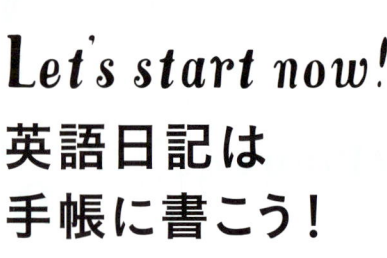

Nice to meet you, everyone!

はじめまして、Sallyです。私は英会話インストラクターとして、生徒さんにかならず、ある課題に取り組んでもらっています。

そう、それは 英語日記 です。

英語は「学校で習うもの」と思われがちですが、英語は勉強ではなく使うものです。英語こそ「習うより慣れよ（Practice makes perfect）」ですよ。

英語を覚えるには、日常生活でいかに英語を使う習慣を作れるかが重要です。

そこで、英語日記 の出番です。

でも立派な日記帳は必要ありません。毎日使う手帳に ちょこっと 英語で、その日の出来事や感想を書くだけでいいのです。手帳はそもそも、自分だけが見るもの。間違いを恐れず、細かい文法も後回し！まずは、書いてみることが大切です。

でも、何をどう書けば
英語を覚えられるの？

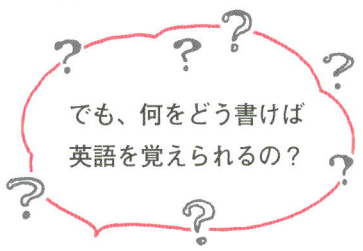

とよく聞かれます。その秘訣をこの本にまとめました。

writing

英会話には、じつは書くことのトレーニングが欠かせません。自分が「言いたいこと」を英語で即、話せるようになるには、日本語の意味を英語に直す練習が必要。英語日記はその 自主トレ にぴったりなのです。

まずは日常の小さな出来事から。日常生活はくり返しですから、それを英語で書くだけで、どんどん頭の中に自分が使える英語の単語や文のストックがたまっていきます。英語日記 を習慣にできると、かならずスピーキングも上達します。ひとことでもいいので、空いた時間に ＼ちょこっと／ を習慣に。

楽しく ワクワク 続けるSally式 英語日記、今日から始めましょう！

Have fun!

Sally Kanbayashi

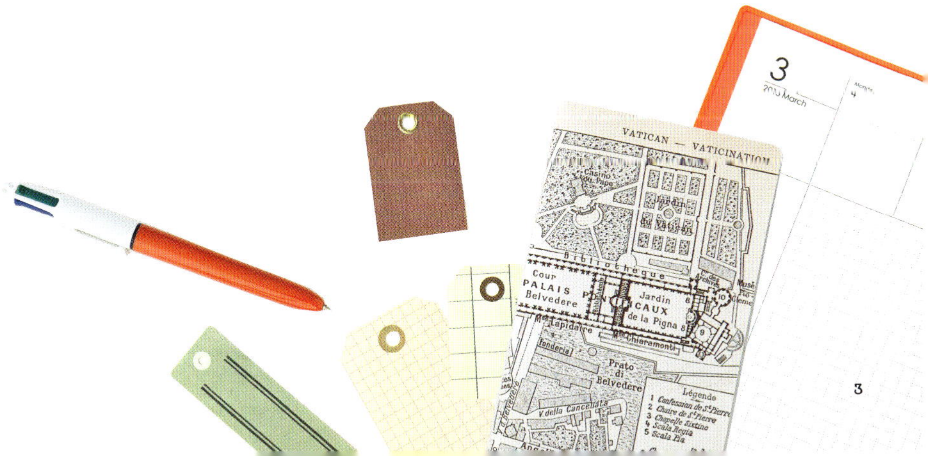

contents

英語日記は手帳に書こう！	2
英語でちょこっと日記を始めよう	6
・恋愛日記	8
・仕事日記	10
・お金日記	10
・料理日記	11
・旅行日記	12
英語日記を書きやすい おすすめの手帳	13
英語でちょこっと日記 書き方のキホン	14
日本語変換トレーニング	18
本書の使い方	22
天気＆気分・体調の単語アイコン集	24

PART 1
今日の出来事を書くための 基本フレーズ10

今日は〜へ行った	30
今日は〜と会った	31
今日は〜を食べた	32
今日は〜を見た	33
今日は〜を聞いた	34
今日は〜を買った	35
今日〜にメール・電話をした	36
今日は〜とデートした	37
今日は〜を楽しんだ	38
今日は〜をやり終えた	39

PART 2
吹き出しでひとこと添えるだけ コメント感情表現

うれしい／かなしい	42
スキ／キライ	44
びっくり／がっかり	46
はげまし／イライラ	48
のんびり／あせり	50
人の印象・性格の表現	52

PART 3

書きたいシチュエーション別
ちょこっと3行日記

日常生活の日記	58
恋愛の日記	64
仕事の日記	70
お金の日記	74
遊びの日記	78
趣味の日記	82
美容・健康の日記	88
習い事・勉強の日記	94

PART 4

夢や目標も英語で！
Sally式 夢叶え日記

夢叶え日記の書き方ポイント	100
恋愛の夢	102
仕事の夢	106
お金の夢	110
習い事・勉強の夢	112
キレイの夢	114
いろいろな夢	116

心が元気になる英語の名言・格言集　120

毎日のいろいろな場面で
ちょこっと英語を楽しもう！

・メッセージカード	124
・友達への手紙	125
・カレンダー	126
・フォトブック	127
・SNS	128

Sally's column

1	Sally'sちょこっと英語日記を公開！	28
2	略語を使いこなそう	40
3	つなぎの単語を使ってみよう	56
4	時間の表現を覚えよう	98

英語の手紙の書き方＆
メッセージカード
テンプレート集　129

エアメールの手紙 ／ お礼 ／ 誕生日 ／ ハロウィーン ／ バレンタインデー ／ クリスマス＆新年 ／ 結婚祝い ／ 出産祝い ／ 引っ越し祝い ／ 就職祝い

五十音順　動詞 INDEX　140

Let's try!

英語でちょこっと日記を始めよう

毎日の手帳といえば、まずスケジュール帳。
余白のメモ欄などにちょこっと
今日の出来事や感想を英語で書いてみて。
カフェや電車の中でだってOK♪
いろんなテーマで書くほど
英語のボキャブラリーも増えます。

恋愛日記

合コンやデートの感想、彼への思いなどを書いて。英語ならちょっと照れたり、イケイケな恋愛コメントも、意外と正直に書けてしまうもの。恋愛気分もぐっと盛り上がりますよ。

ここを参考に
- 恋愛の日記を書く ▶P.64〜
- 恋愛の夢叶え日記 ▶P.102〜

月や週ごとに目標 My goal を書くのもおすすめ

My goals of this month
♥ get a boyfriend!
♥ improve my feminine power!

8
6:00 pm 〜 mixer
♥ I met a cool guy!
We had chemistry!
I wanna see him soon!

11 Thursday
7:00 pm 〜 date with Osamukun / movie
Wow! He asked me out!
Of course, I said yes immediately!
How happy!

12 Friday
Ikeda kun asked me out!
Today, Ikeda kun asked me to be his girlfriend
I hope we can be good friends

告白など、その日一番の出来事を3行日記に (→P.16)

目立たせたい話題は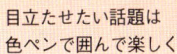
色ペンで囲んで楽しく

9
7:00pm ～ girls' night out

I talked with Yumiko about my love. We talked lots and lots.

I talked with Yumiko. I asked her about Osamu kun.

Yes, I'll call him!

10
6:00 pm ～ go for a drink with Osamu kun in Ginza

We just couldn't stop talking

I think I like him a lot.

But… well, slow down!

人の名前は○○kunや○○chanなど自由に

13
date with Osamukun

We had a first date as a couple today!

We watched a romantic DVD.

14
stay overnight
made love for the first time

I wanted to be with Osamu kun longer

I'm so happy!
He was so ge…
Can't wa…

word check
- □ **my goal(s) of this month**　今月の目標
- □ **improve my feminine power**　女子力アップ
- □ **mixer**　合コン
- □ **We had chemistry！**　ビビッときた！
- □ **girls' night out**　女子会
- □ **go for a drink**　飲みに行く
- □ **He asked me out**　彼に告白された
- □ **immediately**　ソッコーで
- □ **stay overnight**　お泊り
- □ **made love for the first time**　初H
- □ **wanted to be with ～ longer**
　もっと～といっしょにいたかった
- □ **gentle**　やさしい
- □ **Can't wait！**　待ちきれない！

仕事日記

仕事の予定に「うまくいった」などのコメントを添えるだけでも立派な日記に。仕事にまつわる英単語を覚えるきっかけにも！

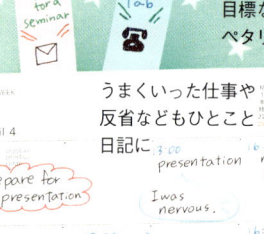
ふせんにTo Doや目標なども書いてペタリ

うまくいった仕事や反省などもひとこと日記に

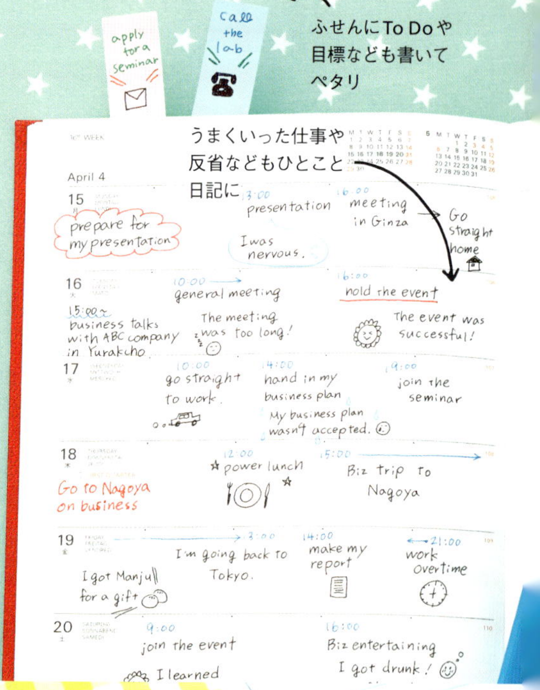

ここを参考に
- 仕事の日記を書く ▶P.70～
- 仕事の夢叶え日記 ▶P.106～

word check
- □ meeting 打ち合わせ
- □ go straight to work 直行
- □ hand in my business plan 企画提出
- □ Biz trip 出張（Biz＝businessの略）
- □ work overtime 残業する
- □ Biz entertaining 接待
- □ I got drunk 酔っぱらった

お金日記

毎日のお金の収支を簡単にメモするだけでも、いろいろな単語を覚えられます。ムダ使いや節約の努力、貯金の目標なども書いて！

「お金を使いすぎちゃった」など反省も英語で楽しく

おこづかい帳感覚で収支も英語でメモ

ここを参考に
- お金の日記を書く ▶P.74～
- お金の夢叶え日記 ▶P.110～

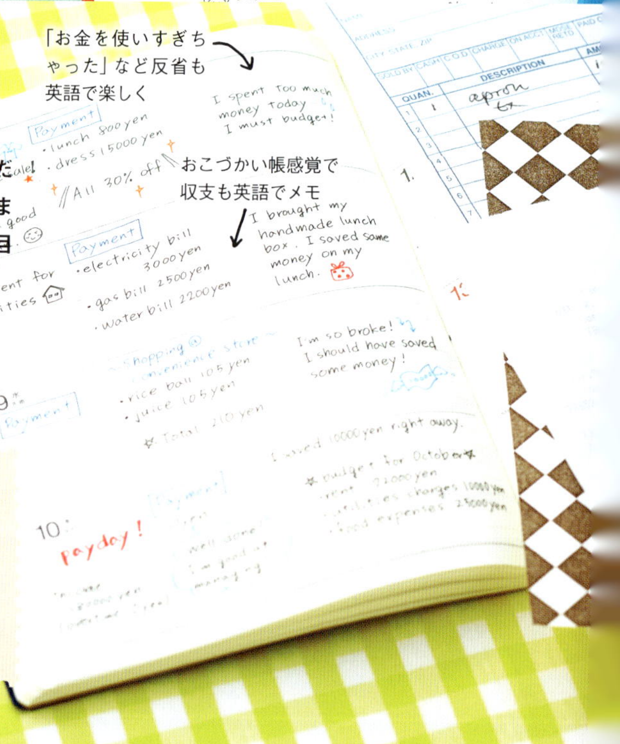

word check
- □ Payment 支出
- □ I must budget! 予算をキープしなきゃ！
- □ I'm so broke! 超金欠！
- □ saved some money 貯金／節約をした
- □ payday 給料日
- □ electricity bill 電気代

＊ほか費目はP.77参照

料理日記

気に入った料理のレシピ、おいしかったレストランのメニューなどを感想とともに英語で記録して。楽しみながら食材や料理の単語も覚えられて、情報満載のお役立ち日記に！

> ここを参考に
> - 「今日は〜を食べた」の基本フレーズ ▶P.32〜
> - 料理の日記を書く ▶P.83〜

その日の料理のテーマを。文字のデザインもひと工夫

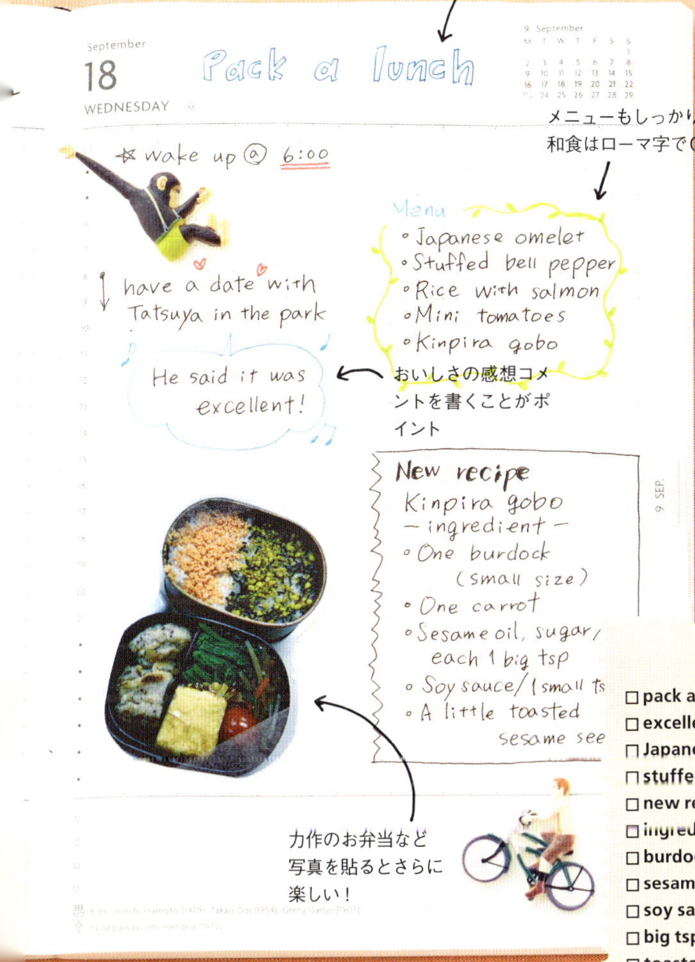

September 18 WEDNESDAY — Pack a lunch

wake up @ 6:00

have a date with Tatsuya in the park

He said it was excellent!

メニューもしっかり。和食はローマ字でOK！

Menu
- Japanese omelet
- Stuffed bell pepper
- Rice with salmon
- Mini tomatoes
- Kinpira gobo

おいしさの感想コメントを書くことがポイント

New recipe
Kinpira gobo
— ingredient —
- One burdock (small size)
- One carrot
- Sesame oil, sugar / each 1 big tsp
- Soy sauce / 1 small ts
- A little toasted sesame see

力作のお弁当など写真を貼るとさらに楽しい！

word check

- ☐ **pack a lunch** お弁当作り
- ☐ **excellent** すごいね
- ☐ **Japanese omelet** たまご焼き
- ☐ **stuffed bell pepper** ピーマンの肉詰め
- ☐ **new recipe** 新しいレシピ
- ☐ **ingredient** 材料
- ☐ **burdock** ごぼう
- ☐ **sesame oil** ごま油
- ☐ **soy sauce** しょうゆ
- ☐ **big tsp** 大さじ（tsp=teaspoon(s)の略）
- ☐ **toasted sesame seeds** いりごま

＊ほか料理レシピの単語はP.84参照

旅行日記

楽しかった旅の日程や思い出、感動などを英語で書き残して。交通や宿泊などの定番フレーズは、覚えてしまえば簡単。記憶に残るうえに、英語で書くとちょっとおしゃれです。

> ここを参考に
> ・旅行の日記を書く ▶P.83〜

コメントとともに写真を貼ってアルバム風に

「あっという間の2日間だった〜」など一番の感想はイラストで目立たせて

旅の日程を英語で記録するのもおすすめ

word check

- ☐ **prepare for a trip** 旅行の準備
- ☐ **an overnight trip** 1泊旅行
- ☐ **itinerary** 旅行日程
- ☐ **arrived at〜** 〜に到着
- ☐ **Ginkakuji temple** 銀閣寺
- ☐ **stayed at〜** 〜に滞在
- ☐ **face paper** あぶら取り紙
- ☐ **fabulous** めちゃステキ
- ☐ **Impressive** 感動
- ☐ **Gift list** おみやげリスト

予定と合わせて
英語日記を書きやすい おすすめの手帳

はじめての英語日記はいわゆる日記帳よりも、毎日持ち歩いて気軽にちょこっと書ける手帳がおすすめ。余白スペースにも注目して、日記が書きやすいタイプを選びましょう。

マンスリータイプ
予定のまわりに感想コメントを入れられるよう、1日のマスが大きめで、さらに目標や1行日記も書けるメモ欄があるものがベスト。

ウィークリー片側メモタイプ
左ページにスケジュール欄、右ページにメモスペースがあるタイプ。毎日の出来事を3行日記など文章にして書きたい人におすすめ。

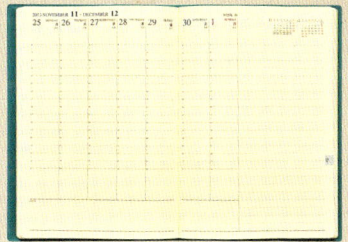

ウィークリーバーチカルタイプ
時間を区切れるバーチカルタイプは、縦に時間軸があるものがおすすめ。予定の空きスペースや1日の一番下の余白にコメント日記を。

ウィークリー自由メモタイプ
予定欄は小さめでも、フリースペースが大きいタイプ。日記と合わせてイラストを描いたり写真を貼ったり、日記のアレンジも自由！

ウィークリー見開きタイプ
1日のスペースが広めなので、予定とともに短い英語日記を書き込める。1日分のフリースペースもあり、週の目標などが書きやすい。

1日1ページタイプ
予定もたくさん書けて、長めの日記からイラストや写真まで自由自在。とくに料理や旅行など趣味の日記を楽しみたい人におすすめ。

今日からスタート！
英語でちょこっと日記
書き方のキホン

毎日使うスケジュール帳にメモ感覚で日記を書いてみましょう。楽しみながら、しっかり英語力もつく書き方のコツをご紹介します。

Monthly マンスリー手帳

書き方のポイント ❶
その日の予定に「ひとこと」英語で感想コメントを書く

余白が少ないマンスリー手帳には、短いコメント日記を。予定をそのままその日の出来事、トピックスとして、そばに吹き出しなどで感想をコメントすると◎。書きたい気持ちはたくさんあっても、あえて「ひとこと」で書くのが気軽に続けるコツ。ドキドキ **lovey-dovey** ♥ やワ〜イ **Yay** ♪ だって、その日の気持ちを書いた立派な日記です。

ここを参考に
- コメント感情表現
  ▶ P.42〜

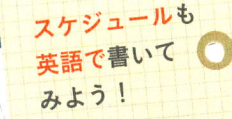
スケジュールも英語で書いてみよう！

書き方のポイント ❷

予定の書き方

たとえば **English lesson** 英語のレッスンなど、基本的に用事の英単語を書けば **OK**。文章にする場合も主語は省略して簡単に。

- 予定の英単語を書く
- 時刻は **12** 時間表記で **am, pm** をつけて
- 固有名詞は頭を大文字に
- **@ = at**, や **w/ = with** など略語を使って短く ▶ **P.40**

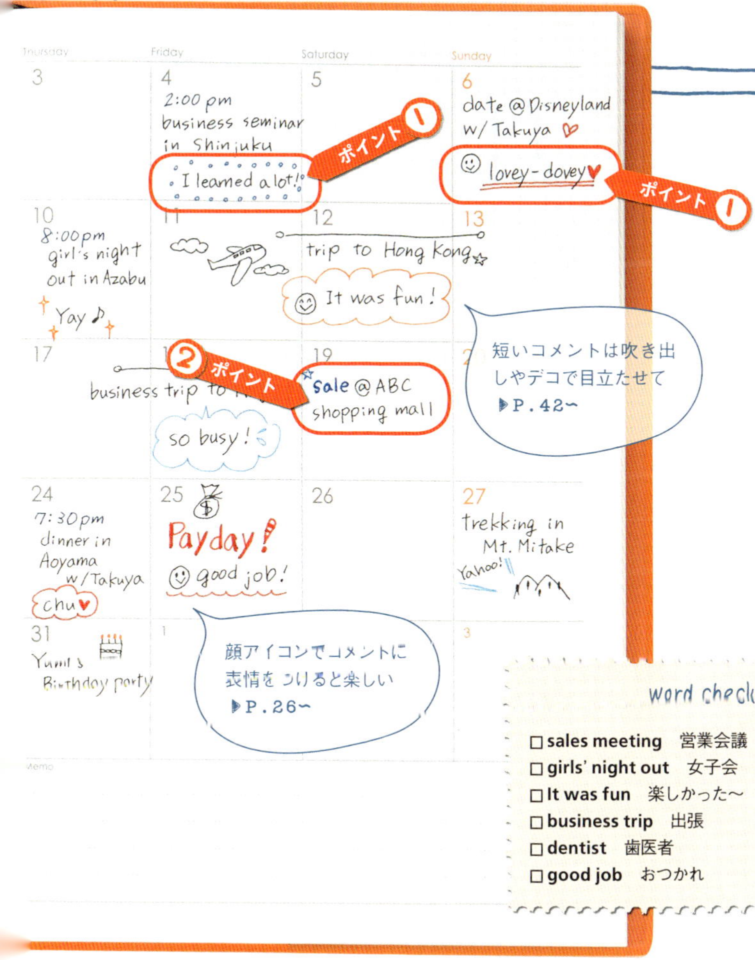

Thursday	Friday	Saturday	Sunday
3	4 2:00 pm business seminar in Shinjuku *I learned a lot!* 〈ポイント①〉	5	6 date @ Disneyland w/ Takuya ♡ ☺ *lovey-dovey* ♥ 〈ポイント①〉
10 8:00 pm girl's night out in Azabu Yay ♪	11 ✈	12 trip to Hong Kong ☆ ☺ It was fun!	13
17 business trip to … 〈ポイント②〉 so busy!	18	19 ★ Sale @ ABC shopping mall	20 短いコメントは吹き出しやデコで目立たせて ▶ P.42〜
24 7:30 pm dinner in Aoyama w/ Takuya chu ♥	25 💰 **Payday!** ☺ good job!	26	27 trekking in Mt. Mitake Yahoo!!
31 Yumi's Birthday party	1 顔アイコンでコメントに表情をつけると楽しい ▶ P.26〜	2	3

word check
- ☐ **sales meeting** 営業会議
- ☐ **girls' night out** 女子会
- ☐ **It was fun** 楽しかった〜
- ☐ **business trip** 出張
- ☐ **dentist** 歯医者
- ☐ **good job** おつかれ

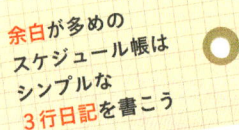

余白が多めの
スケジュール帳は
シンプルな
3行日記を書こう

ウィークリー手帳
Weekly

書き方のポイント ❶

今日一番の出来事を書く

長く書こうと思うと、単語や文法がわからずつまずきがちに。基本はまず、1行めにその日一番の出来事、トピックを書くこと。それについて短くまとめると書きやすいはず。

> ここを参考に

- 今日の出来事を書くための基本フレーズ10 ▶ P.30〜

書き方のポイント ❷

基本は3行日記スタイル

英語に慣れるには、毎日、書き続けることが肝心。スケジュール帳の余白にちょこっと書ける3行程度を目安に、短い文で書くことを基本として。

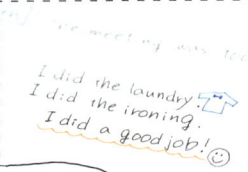

> ここを参考に

- シチュエーション別
  ちょこっと3行日記 ▶ P.58〜

16

英語でちょこっと日記
書き方のキホン

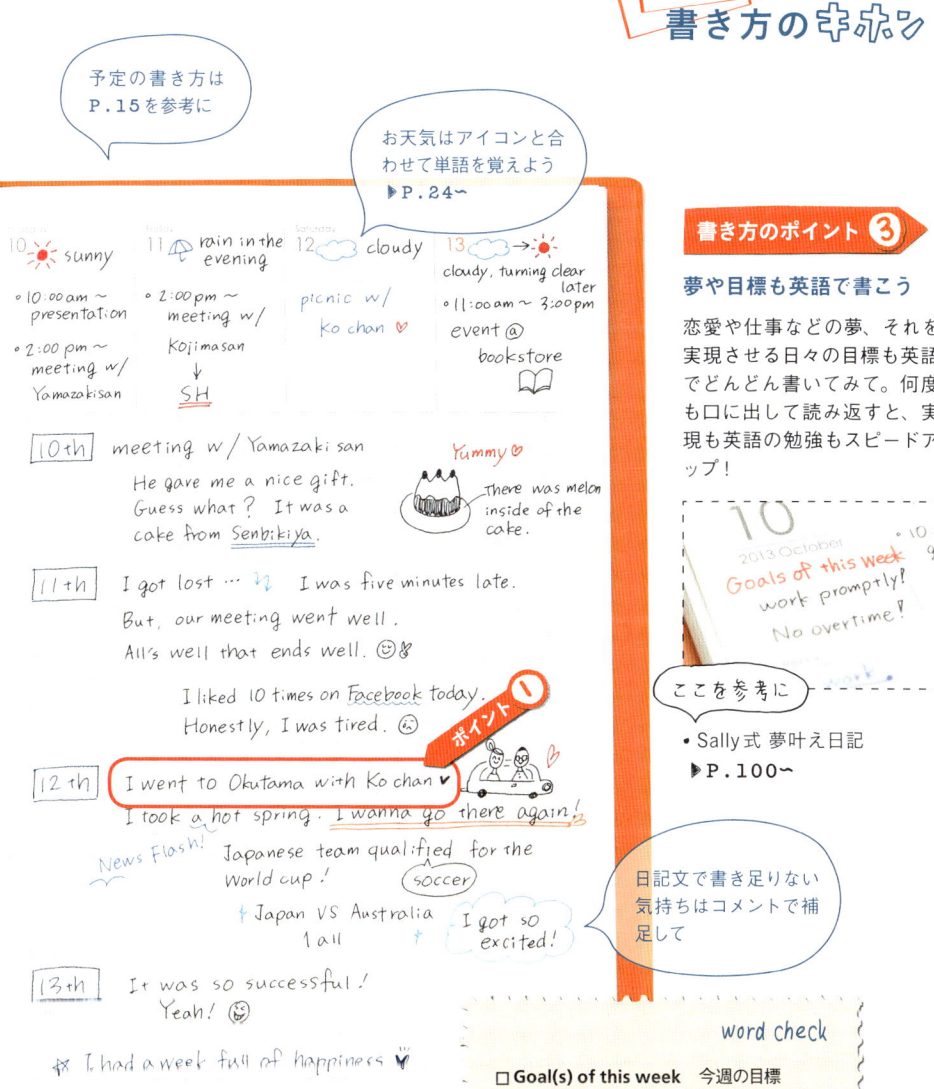

予定の書き方はP.15を参考に

お天気はアイコンと合わせて単語を覚えよう ▶P.24〜

書き方のポイント ❸
夢や目標も英語で書こう

恋愛や仕事などの夢、それを実現させる日々の目標も英語でどんどん書いてみて。何度も口に出して読み返すと、実現も英語の勉強もスピードアップ！

ここを参考に

- Sally式 夢叶え日記 ▶P.100〜

日記文で書き足りない気持ちはコメントで補足して

word check
- ☐ **Goal(s) of this week** 今週の目標
- ☐ **work promptly** テキパキ仕事をする
- ☐ **Prv.** プライベート（**private** の略）
- ☐ **after work party** 仕事の打ち上げ
- ☐ **SH** 直帰（**Go straight home** の略／造語）
- ☐ **qualified** 資格を得た
- ☐ **Yummy** おいしかった〜

\ Sally式 / 英語日記をスラスラ書くための

日本語変換トレーニング

初めての英語日記では「書きたい日本語」を「英語で書きやすい日本語」に変換することが、じつはとても大事になります。
3つのポイントで日記はもちろん、英会話もぐんと上達が早まります！

> トレーニングを続けると書きたいことを英語で考える"英語脳"に変わりますよ

Training 1　書きたい日本語の文を短く分ける

point
→ ひとつの文に情報は1〜2つまで！

Step 1　書きたい日本語を書き出してみる

たとえば、右のような文を書きたいとしましょう。

初心者には少し難しく感じるのでは。「日本語と同じように英語で書こう」と思うから、難しいのです。
これを英語で書きやすい日本語に変換してみましょう。

> 今日、ゆみこと渋谷で会ったら、先月、ハワイで結婚したっていうのでちょーびっくりしちゃった！

Step 2　文章を短いフレーズに分ける

まず、ひとつの文に情報がいくつも入っています。これをシンプルにして細分化します。ルールは《1文につき1〜2情報まで》です。

これなら最初の文よりずっと、英語にしやすいでしょう。

① 今日、ゆみこと渋谷で会った

② 彼女は先月、ハワイで結婚をした

③ ちょーびっくりしちゃった！

Step 3　それぞれを英語にする

最初はブツ切りの文でも気にしない！この**1文につき1〜2情報まで**のルールで考えると、おおむね中学校で習った**《S主語＋V動詞＋O目的語（＋C補語）》**のシンプルな基本文型に。

この本でも和訳の一文の情報が多い場合、英語ではブツ切りにしく紹介しています。子どもに手紙を書くように「やさしく」「短く」を心掛けましょう。

① I saw Yumiko in Shibuya today.

② She got married in Hawaii last month.
※ got married 結婚した

③ I was so surprised!

\ Sally式 /
日本語変換トレーニング

> **Training 2** 主語から考えるクセをつける
>
> *point*
> → 日記の主役は「私」。主語の基本は「I」

Step 1　書きたい日本語の主語を補足する

同じく、英作文で初心者がつまづきやすいのは「主語」を何にするかです。英語で主語はとても重要ですが、日本語は主語なしでも通じます。

こう書きたいとき、主語は何でしょう？主語は「今日」ではありません。「食べた」のは「私」ですよね。

> 今日はパスタを食べた
>
> ↓
>
> (私は)今日はパスタを食べた

Step 2　日本語を英語に置き換える

簡単な文でも、日本語をそのまま訳そうとするとヘンな英語になりがち。書きたい日本語を英語にするときは「主語は誰？　何？」から考えるクセをつけましょう。日記の主役は「私」ですから、難しく考えず、最初のうちは自分や人を主語にした日本語に変換してから、英語で書いてみましょう。

> I had pasta today.
> ※「食べた」は ate でも OK

Training 3　今日の出来事は過去形で書く

point
→ 英語日記の時制は**「過去形」**が基本！

日記に書く出来事は、基本的にすでに起こったこと。英語の動詞は**過去形**で書きます。これを常に心得ておくこと。英語は**時制の一致**にとてもウルサイのですが、日本語ではあまり気にしません。

この例文も情報を分けて2つの文で英語にしますが、気をつけたいのが過去形部分です。

上のように「〜をしていた」と日本語で思い浮かべると、英語も過去進行形にしがち。過去進行形は、過去のある時点を基準に、そのときしていたことを表します。例文は日記を書いている今が基準。単純に過去形でいいのです。

また、×の文は2行めが現在形ですが、同じ出来事ですから、かならず過去形でそろえます。日記にその日の出来事を書くとき、時制は書きたい日本語にまどわされず、基本的に過去形と覚えておきましょう。

> 今日の午後は
> 渋谷のすてきなカフェで、
> ゆみことお茶していた

↓

×
> I was having a cup of tea with Yumiko this afternoon.
> We are at a nice cafe.

○
> I had a cup of tea with Yumiko this afternoon.
> We were at a nice cafe.

＼ 目的に合わせてスタート ／
本書の使い方

何をどんなふうに書きたいか、
目的に合わせて本書を上手に活用して、
英語日記を楽しみましょう！

＼ 何を書けば ／　＼ 日常の記録から ／
　　いいの？　　　　始めたい

PART 1 *direction* ▶P.29
今日の出来事を書くための
基本フレーズ10

中学英語のような簡単フレーズで「今日あった出来事」を書けます。どこに行った、誰と会ったなど □ に目的語を入れるだけ。英語上達に欠かせないSVOCの基本文型も身につきます。

＼ 遊び感覚で ／　＼ イラスト風に ／
　　楽しみたい　　　　かわいく

PART 2 *direction* ▶P.41
吹き出しでひとこと添えるだけ
コメント感情表現

うれしい、悲しいなど、自分の感情に合わせて選べる「英語のひとことコメント」がずらり。ネイティブのおしゃべりのようなフレーズで、吹き出しやデコイラストで遊びながら楽しめます。

\ 日記の書き方を / \ いろいろな /
  教えて   ことを書きたい

PART 3 *direction* ▶P.57

書きたいシチュエーション別
ちょこっと3行日記

日本語と同じように、いろいろなことを英語で書きたいならこちら。恋愛、仕事、お金、遊びなどのシチュエーション別に、簡単な3行日記の書き方とよくあるトピックから探せる例文をご紹介。

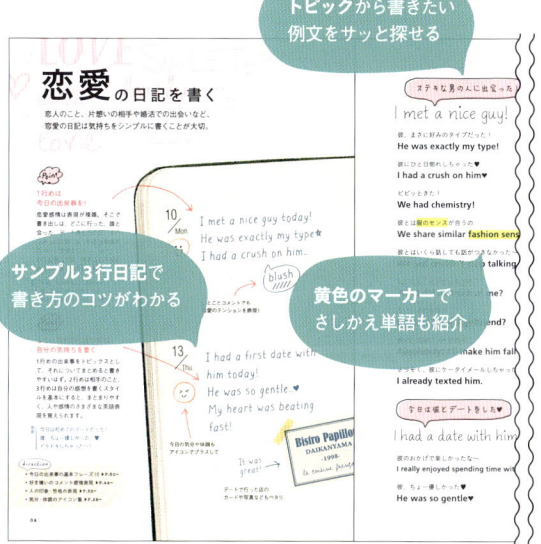

トピックから書きたい例文をサッと探せる

サンプル3行日記で書き方のコツがわかる

黄色のマーカーでさしかえ単語も紹介

\ 恋愛や仕事などのやる気 /
  アップにつなげたい

PART 4 *direction* ▶P.99

夢や目標も英語で！
Sally式夢叶え日記

「理想の結婚をしたい」「憧れの仕事がしたい」「いくら貯金をしたい」など、自分の夢や目標を実現するための日記の書き方をご紹介。テーマ別の例文で、夢や目標も英語で手帳に書けます。

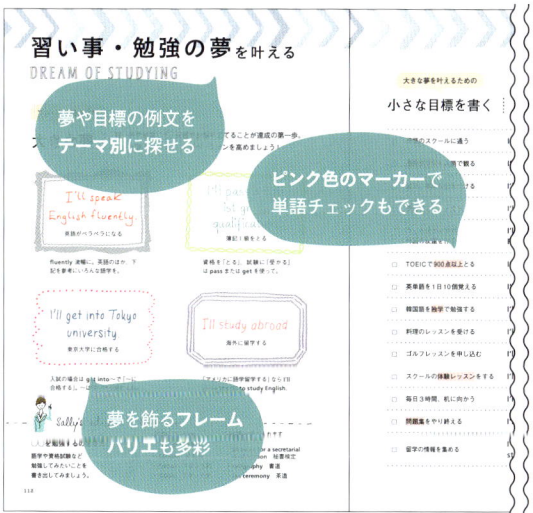

夢や目標の例文をテーマ別に探せる

ピンク色のマーカーで単語チェックもできる

夢を飾るフレームバリエも多彩

ほかにもいろいろ！

- 《イラストを描きたい》→ 天気＆気分・体調のアイコン集 ▶P.24～
- 《名言を書きたい》→ 名言・格言集 ▶P.120～
- 《手紙やカードを書きたい》→ 英語の手紙の書き方＆メッセージカードテンプレート集 ▶P.129～

23

毎日の英語日記に使える！
天気＆気分・体調の単語アイコン集

手帳にその日の天気や体調などをちょこっとメモ。それぞれの英単語を覚えつつ、アイコンを日記のワンポイントに！

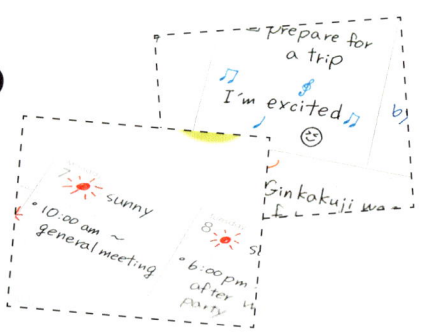

天気のアイコン

sunny 晴れ

very fine 快晴

sun shower お天気雨

rainbow 虹

顔の表情によっても雨や風の強さなどを表してみよう

rainy 雨

heavy rain 大雨（どしゃぶり）

thunder 雷

typhoon 台風

tornado 竜巻

stormy 暴風雨

cloudy 曇り

foggy 霧

snowy
雪

雪だるまの大小や
溶けかけなどで
積雪の状態を表しても

cool
涼しい

warm
暖かい

heavy snow
大雪

cold
寒い

ultraviolet advisory
紫外線注意報

rainfall probability
降水確率（%）

winter wind
木枯らし

earthquake
地震

震度によってまわりの
波線の大きさや
細かさを変えてみて

天気や気候の英単語

shower 夕立ち

sudden downpour
ゲリラ豪雨

drizzle 霧雨

windy 強風

sleety みぞれ

blizzard 吹雪

hail ヒョウ（あられ）

hot 暑い

muggy 蒸し暑い

fierce heat 猛暑

cold wave 寒波

first spring wind
春一番

start (end) of the rainy season
梅雨入り（明け）

first snow of the season
初雪

humidity 湿度（%）

dry air warning
乾燥注意報

pollen forecast (heavy / light)
花粉予報（強 / 弱）

temperature
気温（℃）

high pressure / low pressure
高気圧 / 低気圧

天気＆気分・体調の
単語アイコン集

気分のアイコン

not in a
good mood...
ご機嫌ナナメ

feelin'
great!
絶好調

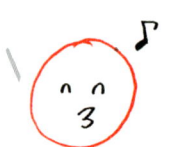
pretty good♪
ご機嫌♪

exhausted
げっそり

not bad
ふつう

tired
クタクタ

awful
つらい

terrible
絶不調

体調のアイコン

feel bad
体調が悪い

feel good
体調がいい

cold
風邪

fever
熱っぽい

runny nose
鼻水

cough
咳

headache
頭痛

toothache
歯痛

no appetite
食欲がない

pimple
ニキビ

lack of sleep
睡眠不足

red eye
目の充血

over eating
食べ過ぎ

drinking too much
飲み過ぎ

hangover
二日酔い

こちらも Check!
気分・体調の英単語

energetic 元気いっぱい
weary だるい
feel dizzy クラクラ
nausea 吐き気
flu (influenza) インフルエンザ
sore throat のど荒れ
poor circulation 冷え（性）
stiff shoulder 肩こり
backache 腰痛
anemia 貧血
cramps 生理痛
muscular pain 筋肉痛
stomachache 胃痛
diarrhea 下痢
constipation 便秘
hay fever 花粉症
sneeze くしゃみ
stuffy nose 鼻づまり
eczema (red spots) しっしん
swelling むくみ
eyestrain 目の疲れ
stomatitis 口内炎
burn やけど
foot corn ウオノメ
athlete's foot 水虫

- Sally's column 1 -

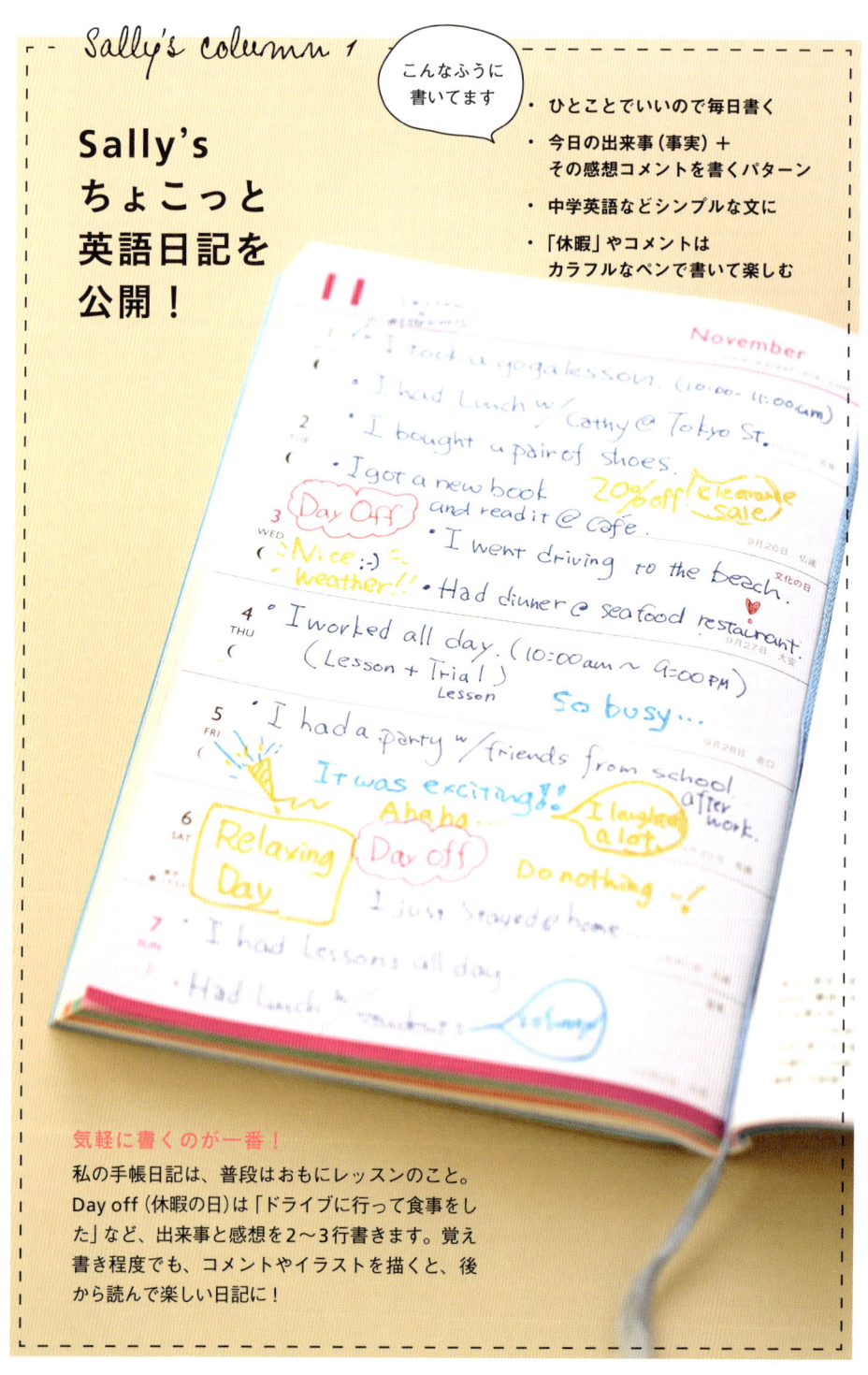

Sally's ちょこっと英語日記を公開！

こんなふうに書いてます

- ひとことでいいので毎日書く
- 今日の出来事（事実）＋その感想コメントを書くパターン
- 中学英語などシンプルな文に
- 「休暇」やコメントはカラフルなペンで書いて楽しむ

気軽に書くのが一番！

私の手帳日記は、普段はおもにレッスンのこと。Day off（休暇の日）は「ドライブに行って食事をした」など、出来事と感想を2〜3行書きます。覚え書き程度でも、コメントやイラストを描くと、後から読んで楽しい日記に！

PART 1

今日の出来事を書くための
基本フレーズ10 \使える/

英語日記の1行めには「今日あった出来事」を書いてみましょう。今日はどこに行った、誰と会った、何を食べた……。基本フレーズの□□□の部分をさしかえるだけで、いろいろな出来事が書けます！

☞ 基本フレーズ1 【 行く go ⇒ 行った went 】

今日は □ へ行った

I went to □場所 today.

{ 場所 には**名詞**が入ります。カフェ a café やレストラン a restaurant など、**広く一般的な場所**には冠詞のaをつけます。店名や施設名などの**固有名詞**、あるいは、私のお気に入りカフェ my favorite cafe など、**場所を特定する場合**は冠詞がつきません。固有名詞の頭は**大文字**で書きます。 }

応用 arrange!

エリア を足す

→ 渋谷のABCカフェに行った
I went to ABC café **in Shibuya.**

> その店や施設がある地域・地名は、後ろに前置詞 in をつけて足す。ただ「渋谷へ行った」と書く場合は I went to Shibuya でOK。

人 を足す

→ ゆみことカラオケに行った
I went to Karaoke **with Yumiko.**

> 同行した人の名前は、場所の後に前置詞 with をつけて足す。複数の場合、with Akiko, Haru, and Yumiko のようにカンマをつけて最後を and でつなぐ。

時間 を足す

→ 午前中に代々木公園に行った
I went to Yoyogi Park **in the morning.**

> 時間は文末に足しましょう。午後に in the afternoon / 早朝に in the early morning / 夕方～夜に in the evening / 朝9時に at 9 in the morning

移動手段 を足す

→ 電車で高尾山に行った
I went to Mt. Takao **by train.**

> バスで by bus / 車で by car / 自転車で by bicycle / バイクで by motorcycle など、乗り物は前置詞 by で足す。徒歩では on foot なので注意。Mt.＝Mount（～山）の省略形。

▶「○○をしに行く」は… ○○が動詞の場合《go to＋動詞の原形（不定詞）》に。ただし単語により、買い物に行く go shopping / トレッキングに行く go trekking など《go 動詞 ing（動名詞）》をとる場合や、散歩に行く go for a walk など熟語の場合もあります。

基本フレーズ2 【 会う see/meet ⇒ 会った saw/met 】

今日は ☐ と会った

I saw/met ☐人☐ today.

待ち合わせをして、友人や知り合いと会う場合は see を使います。たまたま道でばったり会ったり、仕事などのフォーマルな会見の場合は meet を使いましょう。☐人☐ には個人の名前はそのまま書けばOK。友達など一般の名詞には my friend(s) というように、my/her/his などの所有格をつけます。

応用! arrange!

場所 を足す

→ ゆみこと渋谷の ABC カフェで会った
I saw Yumiko at ABC café in Shibuya.

cafe など具体的な特定の場所は前置詞 at、渋谷など広い地域・地名は前置詞 in をつけて足す。人が複数の場合はカンマと最後に and をつけて→ I saw Yumiko, Akiko and Mari in Shibuya.

時間 を足す

→ おさむくんと6時に渋谷で会った
I saw Osamu kun in Shibuya at 6.

時刻は前置詞 at の後に数字を書くだけでOK。6時半に〜 at 6:30 / 昼休みに〜 during my lunch break ※〜の間は during

会った状況 を足す

→ パーティーで田中さんと初めて会った
I met Mr. Tanaka at a party for the first time.

初めて for the first time / 2度め for the second time など。ただ、パーティーと書く場合は一般的な名詞なので冠詞 a をつける。

→ 銀座でばったり部長と会った
I met GM by accident in Ginza.

偶然 by accident を人の後につける。部長のGMは general manager の略。

→ 久しぶりにゆみこと会った
I saw Yumiko for the first time in a long time.

1か月ぶりに〜は for the first time in a month となる。〜の中で初めてという表現が英語的。

☞ **基本フレーズ3**　【 食べる・飲む have　⇒　食べた・飲んだ had 】

今日は ___ を食べた

I had 食べもの today.

{ hadは「食べた」「飲んだ」の両方に口語的に使えます。食べた ate／飲んだ drankでもOKですが、had を使うと「口にした」「いただいた」といった婉曲的な感じにも。食べもの には料理名や食品名を入れます。数えられる名詞 (可算名詞)、数えられない名詞 (不可算名詞)がありますが、まずは気にしないで書いてみましょう。 }

応用 arrange!

場所 を足す
→ ABC レストランでフランス料理を食べた
I had French food at ABC restaurant.

《 ABCレストランなど、施設名や特定の場所には前置詞 at をつけて、地域や地名は前置詞 in をつけて名称を足す。

人 を足す
→ おさむくんと焼き肉を食べた
I had Korean BBQ with Osamu kun.

《 いっしょに食事をした人の名前は、前置詞 with をつけて足す。焼き肉や上の例文のフランス料理など、料理の種類名には冠詞a はつけない。

時期 を足す
→ ランチにパスタを食べた
I had pasta for lunch.

《 朝食 breakfast / 昼食 lunch / 夕食 dinner には、前置詞 for を使う。a lunch としがちだけど、一般的な食事に冠詞 a はいらないので注意。

数 を足す
→ ワインを3杯飲んだ
I had three glasses of wine.

《 飲みものは基本的に不可算名詞のため I had / drank wine. でOK。数を足す場合は a glass of ～ / a cup of ～をつけ、○杯の部分を単数または複数形に。

作り手 を足す
→ 川越シェフの料理を食べた
I had a dish prepared by Chef Kawagoe.

《 prepared by ～（人の名前）で「～の作った」という意味に。母の手料理を～という場合は I had my mom's homemade dish . と目的の名詞扱いにしても。

☞ 基本フレーズ4 【見る see/watch ⇒ 見た saw/watched】

今日は ▢ を見た

I saw/watched [見たもの] today.

どちらも「見た（観た）」ですが、saw は全体を見るような [映画や舞台、景色など] に、watched は動くものをじっと注視するような [テレビやスポーツの試合など] に使われます。一般的に「見た」は saw で間違いではありませんが、写真などは look at 〜 というなど、感覚的に使い分けるので、基本として覚えておきましょう。

応用 arrange!

場所 を足す

→ 渋谷で映画「G.I. ジョー」を観た
I saw [a movie "G.I. Joe"] in Shibuya.

> 映画には saw を使って、作品名は a movie に続けて書けばOK。P.30の行った場所と同じく、地域や地名は前置詞 in をつけて足す。

→ 箱根で紅葉を見た
I saw [colored leaves] in Hakone.

> 景色を「見た」は saw でOK。「箱根へ紅葉狩りに行った」といいたい場合は I went to hakone to view the colored leaves there.

→ 上野の美術館でモネの「睡蓮」を観た
I saw [Monet's "water lilies"] at the museum in Ueno.

> 美術館など施設は、前置詞 at でつけ足す。さらに地域や地名をつける場合は、最後に前置詞 in でつなげる。

→ 東京スカイツリーから夜景を見た
I saw [the night view] from the Tokyo Skytree.

> 夜景 night view も景色なので saw でOK。「〜から見た」と視点の場所をつけ足す場合は、前置詞 from を使う。

人 を足す

→ おさむくんとサッカーの試合を観た
I watched [a soccer game] with Osamu kun.

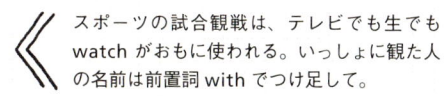

> スポーツの試合観戦は、テレビでも生でも watch がおもに使われる。いっしょに観た人の名前は前置詞 with でつけ足して。

☞ 基本フレーズ5 【 聞く listen/hear ⇒ 聞いた listened/heard 】

今日は ▢ を **聞いた**

I listened to [音楽・講義など] today.
I heard about [話題] today.

{ どちらも「聞いた」ですが、今日の出来事のうち、音楽や講義、ラジオなど<mark>耳を傾けて集中して聞いた（聴いた）</mark>場合は listened to を。身近なニュースやうわさ話のように<mark>耳に入ってきた、聞こえてきた</mark>という場合は heard を使いましょう。▢ にはそれぞれの名称や話題を<mark>名詞形</mark>で入れます。 }

応用 arrange!

場所 を足す

→ ライブハウスでジャズを聴いた
I listened to [Jazz] at the live music club.

≪ 音楽には listened to を使い、音楽の種類名や曲名などの名詞を入れる。施設や会場など特定の場所は at で、地名は in でつなげる。

内容 を足す

→ NHK の AM ラジオで「基礎英語」を聴いた
I listened to [the NHK AM radio "Kiso Eigo"].

≪ ラジオも listened to を使う。聴いた番組タイトルや曲名などを足すときは radio に併記して全体で目的語にするとシンプル。

→ A 氏の講演を聴いた
I listened to [Mr. A's lecture].

≪ 講演(会) lecture も耳を傾けて聴いたなら listen to で。講演テーマを足すなら a lecture の後に about (〜について) や on (〜における) の前置詞を足してテーマ名を続ける。

→ かおるの結婚のニュースを聞いた
I heard about [Kaoru's wedding].

≪ 身近なニュースやうわさ話などは heard about で話題を名詞化してつける。込みいった話でも、人の所有格＋名詞で誰々の〜についてと簡単な文にするのがコツ。

☞ 基本フレーズ6 【 買う buy/get ⇒ 買った bought/got 】

今日は ▭ を買った

I bought/got [品物] today.

「買った」は bought ですが、お金を出したものでも「手に入れた！」というニュアンスのときは got を使うほうが口語的です。無料のおまけや人から品物を「もらった」という場合も got でOKです。[品物] には名詞を入れます。飲料などを除くと数えられる加算名詞が多いので、単数なら頭に a を、複数なら名詞に s をつけて複数形にすることも忘れずに。

応用 arrange!

場所 を足す

→ 伊勢丹で新しいブーツを買った
I bought [a new pair of boots] at Isetan.

《 デパートなど施設や店名は at でつけ足す。靴や靴下は2つで1足のため、数え方に注意。1足は a pair of shoes、2足なら two pairs of shoes となる。

→ ABC書店で村上春樹の新刊をゲットした！
I got [a new Haruki Murakami book] at ABC book store.

《 本などの作者名、服や物などのデザイナー名などは、アイテムの名詞の前にそのまま入れればOK。

値段 を足す

→ セールでワンピースを1980円で買った
I bought [a dress] for 1980 yen at a clearance sale.

《 「〜円で」という場合は前置詞 for を使い「半額で」なら for half price に。セールも場所と同じ at (〜で) を使って。ワンピースは和製英語で、英語ではどんなにカジュアルでも dress という。

手段 を足す

→ ヤフーオークションで
ルイ・ヴィトンのお財布を手に入れた！
I got [a Louis Vuitton wallet] on Yahoo auction!

《 オンラインの通販やオークションで買ったという場合は、前置詞 on を使います。サイト名はそのまま書けばOK。「ネットで」という場合は on the internet に。また、オークションで「落札した」も got で表せる。

☞ 基本フレーズ7 【メール・電話をする mail/call ⇒ メール・電話をした mailed/called】

今日 ☐ にメール・電話をした

I mailed/called ☐人☐ today.

{ mail / call は**名詞と動詞**のどちらにも使える単語です。mail には郵便で手紙を送るという意味もあるので、区別するなら e-mailed でもOKです。また、携帯メールは口語で text といわれ「携帯メールをした」は texted に。☐人☐ には**相手の名前**をそのまま入れます。 }

応用 arrange!

用件 を足す

→ゆみにパーティーのことでメールをした
I mailed ☐Yumi☐ **about the party.**

≪「〜の件で」という場合、前置詞 about + 用件名でつけて足して。仕事の場合も about our project（プロジェクトの件）など具体的な用件名に。

→おさむくんに待ち合わせ場所をメールした
I mailed ☐Osamu kun☐ **for our meeting place.**

≪「〜のために（用件）」というときは前置詞 for を使う。「待ち合わせ時間を」とするなら for meeting time に。

→たかしくんに「好き」と携帯メールしちゃった♥
I texted ☐Takashi kun☐ **to say "I like you"**♥

≪ texted で「携帯メールをした」。話した内容を to say 〜 でつけ足して。セリフは " " に入れればそのまま書いてOK。

時期 を足す

→お母さんに突然、電話をしてみた
I called ☐my mom☐ **suddenly.**

≪突然に suddenly など、タイミングを表す副詞を入れて。とうとう at last / ソッコーで immediately / もう一度、また again / 久しぶりに for the first time in a long time

場所 を足す

→おさむくんに会社から電話をした
I called ☐Osamu kun☐ **from my office.**

≪「外出先から〜」は from outside.「海外から〜」は from abroad.「家から〜」は from my home.

☞ **基本フレーズ 8** 【 デートする have a date ⇒ デートした had a date 】

今日は ☐ とデートした

I had a date with ☐人☐ today.

{ デート date は名詞と動詞のどちらにも使えますが、動詞の date は「おつきあいする」という意味で使われることのほうが多いでしょう。ふたりで会う「デートした」は had a date というほうが一般的。ほかに went on a date, went out でも OK。いずれも前置詞 with をつけて相手を入れます。}

応用 arrange!

機会 を足す

→ おさむくんと初めてデートした
I had a date with ☐Osamu kun☐ **for the first time.**

≪ for the first time で「初めて」。シンプルに I had a first date with ～でも OK。「2度めの」なら for the second time に。

場所 を足す

→ たかしくんと渋谷でデートした
I had a date with ☐Takashi kun☐ **in Shibuya.**

≪ 地名は前置詞 in でつけ足す。店や特定の場所には at を使うが、「代々木公園で～」in Yoyogi Park のように特定の場所でも公園など広いエリアの場合は in を使う。

内容 を足す

→ しんじくんとカラオケデートをした
I had a Karaoke date with ☐Shinji kun☐ **.**

≪ カラオケやランチ lunch, ディナー dinner などは、そのまま date の前につけても OK。ドライブや散歩など行動を表す単語は had a date に挟めないので I went driving with Shinji kun. と普通に書く。

否定文 の場合

→ 残業でおさむくんとデートができなかった
I had to work overtime. I couldn't have a date with ☐Osamu kun☐ **.**

≪「残業で」を by overtime work とはいわない。英語では残業しなくちゃいけなかった＋デートできなかったと2つの文をくっつける形になるので、シンプルに分けて書けば OK。

☞ 基本フレーズ9 【 楽しむ enjoy ⇒ 楽しんだ enjoyed 】

今日は _____ を楽しんだ

I enjoyed [出来事] today.

{ [出来事] の部分には、楽しんだ出来事の**名詞**または「〜すること」を意味する**《動詞＋ing（動名詞）》**が入ります。このとき to＋動詞（不定詞）にしてしまいがちですが、これは間違い。**enjoy 〜ing** で「**〜することを楽しむ**」なので、このまま覚えて楽しんだ経験をたくさん日記に書いて。 }

応用 arrange!

人 を足す
→あゆみとコンサートを楽しんだ
I enjoyed [the concert] with Ayumi.

» いっしょに楽しんだ人は前置詞 with でつけ足す。_____ にいろんな名詞を入れて。映画 a movie / カラオケ Karaoke / サッカー観戦 watching a soccer game / 買い物 shopping / パーティー the party

場所 を足す
→ ABCホテルでケーキブッフェを楽しんだ
I enjoyed [a dessert buffet] at ABC hotel.

» ホテル名など施設や特有の場所は at でつけ足す。フレンチのディナーなら French dinner, フェイシャルエステなら a facial treatment など。

時間 を足す
→ 1泊の温泉旅行を楽しんだ
I enjoyed [my overnight trip].

» 1泊旅行は overnight trip, 日帰り旅行は one(a) day trip, 2泊3日旅行は two-night trip に。この場合、基本文の today はなしに。

→ひと晩じゅう、ゆみとおしゃべりを楽しんだ
I enjoyed [talking] with Yumi all night.

» おしゃべりすることは talking のほか chatting でも。時間の表現は with で人を足した後ろに補足する。1日じゅうなら all day に。

状況 を足す
→心静かに読書を楽しんだ
I enjoyed [reading my book] calmly.

» 楽しむ様子を表す副詞をつけ足して。すごく very much / とことん thoroughly / 十分に fully / のんびりと slowly / 貪欲に passionately

☞ **基本フレーズ 10** 【 やり終える finish ⇒ やり終えた finished 】

今日は ▢ をやり終えた

I finished ▢用件▢ today.

{ 仕事や勉強、用事など、何かをやり終えたときはうれしいもの。==完了する、仕上げる==という動詞 finished を使って日記に書きましょう。▢用件▢ には、==名詞==または「〜すること」を意味する《==動詞＋ing（動名詞）==》を入れます。「やり終えた」という意味で finish を使う場合は to＋動詞（不定詞）の形はとりません。 }

応用 arrange

仕事 の用件

→ 企画書を作り終えた
I finished ▢making a proposal▢ .

≪ 書類を「作る」は make を使う。
企画書 proposal / 会議資料 meeting document / 見積書 estimate / 請求書 bill / 案内状 invitation letter

→ プレゼンテーションを終えた
I finished ▢my presentation▢ .

≪ ▢ をさしかえて。新人研修を〜 training for newcomers / 売上の計算を〜 sales account / 棚卸し作業を〜 stock-taking / 伝票整理を〜 sorting out slips

学校 の用件

→ 卒論を書き終えた
I finished ▢writing my graduation thesis▢ .

≪ my graduation thesis で卒業論文。普段のレポートなら writing my report で OK。

→ 期末試験を終えた
I finished ▢final exam▢ .

≪ exam は examination の略。ゼミを〜 my seminar / 講義を〜 a lecture / 文化祭の準備を〜 preparing for a school festival

家 の用件

→ 家の大掃除をやり終えた
I finished ▢general cleaning▢ .

≪ 普通の掃除なら cleaning で OK。引っ越し準備を〜 preparing for moving / 年賀状書きを〜 writing New Year's greeting cards / 本を読み〜 reading my book

PART 1 基本フレーズ 10

Sally's column 2

略語を使いこなそう

> 略語は自分の手帳や親しい人に対して使う程度に！

短く書きたいときに便利

手帳の小さなスペースに予定や日記を書くとき、便利なのが省略語。月や曜日のほかは、いわゆるスラングなので、自分で略語を作ってもOKですよ！

月と曜日の省略形

※ 略した最後にピリオドを打つ

- ☐ 1月　January → Jan.
- ☐ 2月　February → Feb.
- ☐ 3月　March → Mar.
- ☐ 4月　April → Apr.
- ☐ 5月　May　そのまま
- ☐ 6月　June → Jun.
- ☐ 7月　July → Jul.
- ☐ 8月　August → Aug.
- ☐ 9月　September → Sep.
- ☐ 10月　October → Oct.
- ☐ 11月　November → Nov.
- ☐ 12月　December → Dec.
- ☐ 月曜日　Monday → Mon.
- ☐ 火曜日　Tuesday → Tue.
- ☐ 水曜日　Wednesday → Wed.
- ☐ 木曜日　Thursday → Thu.
- ☐ 金曜日　Friday → Fri.
- ☐ 土曜日　Saturday → Sat.
- ☐ 日曜日　Sunday → Sun.

予定に便利

- ☐ ～で（場所）at → @
- ☐ ～と（人）with → w/
- ☐ アポ　appointment → appt
- ☐ 未定　to be determined → TBD
- ☐ 会議・打ち合わせ　meeting → MTG
- ☐ 残業　overtime work → OW
- ☐ 出張　business trip → Biz. trip
- ☐ 誕生日　birthday → BD

日記やSNS向き

- ☐ 恋人　honey → hon
- ☐ 彼氏　boyfriend → BF
- ☐ 彼女　girlfriend → GF
- ☐ 親友　best friends forever → BFF
- ☐ フェイスブック　Facebook → FB
- ☐ 年齢・性別・住所　Age, Sex, Location → ASL
- ☐ メッセージ　message →MSG
- ☐ すごい　great → GR8
- ☐ 冗談でしょ　just kidding → JK
- ☐ 参考までに　for your information → FYI
- ☐ 好き　I love you → ILY
- ☐ わからない　I don't know → IDK
- ☐ あとで　later →L8R

英語の日付の書き方

日本語は「年・月・日」の順で書きますが、英語（おもに米国）では「月・日・年」の順で書きます

（例）**Jan. 15, 2014 (Wed.)**

月：数字ではなくスペルで書く

日：数字で書く。日にちだけなら序数詞（1st, 2nd, 3rd…）で書くことも

年：日にちにカンマを打って、年の数字（または曜日）をつなげる

PART 2

＼ネイティブ気分で／

吹き出しでひとこと添えるだけ
コメント感情表現

手帳に書いたスケジュールにちょこっと感想を書き足したり、日記に添えて書き足りないことをプラス。うれしいとき、悲しいとき、イライラしたとき……。今日の感情に合わせて吹き出しでコメントしましょう。

短い日記に書き足りない気持ちをコメントで補足。吹き出しイラストもひと工夫！

I'm so happy.
He was so gentle!
Can't wait!!

楽しかった〜
It was fun!

エライ！
Well done!

ラッキー♪
lucky♪

I was glad!
うれしかった〜！

feelin' good♪
いい感じ♪

絶好調♪
perfect condition

めっちゃシアワセだった〜
I felt so happy!

ちょーウケた〜
I laughed my head off!

うれしくて待ちきれない！
can't wait!

happy!
うれしい
のコメント

sad...
かなしい
のコメント

shocked...
ショック…

傷ついた…
I got hurt...

悲しいよ…
I'm sad...

悲しすぎる！
It's too sad!

ちょー憂うつ
I feel bummed out.

フラれた〜！
I was dumped!

心が折れた…
disheartened...

悲惨…
tragic...

ガーン!!
Oh my gosh!!

誰もわかってくれない
Nobody understands me.

feeling down...
凹む〜

吹き出しのかわりにコメントまわりにイラストを添えて楽しんでみて。

PART2 コメント感情表現 — うれしい／悲しい

コメントにプラス！

うれしいのデコバリエ
きらきらやアゲアゲなデコでコメントを盛り上げて。

I was so moved...!
チョー感動した！

成功！
success!

サイコー！
excellent!

all right!
やったね！

まじ最高!!
couldn't be better!

おつかれ！
Good job!

ふ〜っ 助かった
phew!

できた〜！（書類や勉強など）
I made it!

すごーい！
great!

ヤッホー！
yahoo!

わーい / ラブ / どきどき / きらきら / わくわく

コメントにプラス！

悲しいのデコバリエ
定番の涙や傷心もいろんな描き方で脱ワンパターンを。

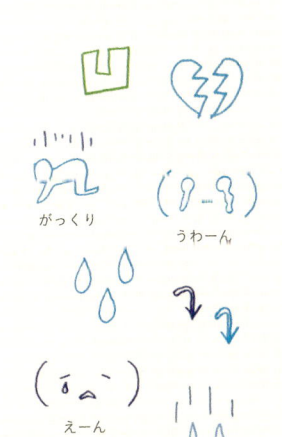

さびしい…
lonely...

ひどい…
awful...

ありえない…
Can't be true...

どうして!?
Why is that?

気が重いよ
I feel blue.

え〜んえ〜ん
boo hoo

立ち直れない
I'm exhausted.

ちょーナーバス
I feel nervous.

涙が止まらない…
Can't stop crying...

tough...
つらい…

がっくり / うわーん / えーん

17.30〜
dinner in
Aoyama
w/Takuya
chu♥
31

デートの予定に「チュッ♥」と後から添えるだけで、楽しかった日記がわりに。

チュッ♥
chu♥

ポッ♥
blush♥

うふふ♪
grin♪

カッコいい〜！
cool!

love ya lots!
大好きだよ〜！

I'm in love!
惚れちゃった！

まさに理想
ideal

あなたにメロメロ
I madly love you

彼の♥を狙い撃ち！
win his heart!

目がハ〜ト♥
Only you are seen♥

love it!
スキ
のコメント

hate it!
キライ
のコメント

I hate you!
大嫌い！

made a stupid mistake.
No way..!

相手だけでなく、自分がミスをしたときなどのダメ出しにもひとこと添えてみて。

ほとんどビョーキ…
sick...

うざっ
pain in my neck

こわっ!!
That's so scary!!

変人！ ヘンタイ！
wacko

おバカ！ あほ！
silly!

浮気者〜！
womanizer!

つまらない男っ
He's just so boring.

もう別れる！絶交！
I'll break up!

まずっ！（おいしくない）
awful!

no way!
ありえな〜い

初エッチした
made love for the first time

ほかに何もいらない！
I don't want anything!!

あなたに夢中！
I'm crazy about you.

お気に入り♪
my favorite♪

lovey-dovey
ラブラブ

pit-a-pat
ドキドキ〜

あなたは私の宝物
I treasure you.

恋しちゃった！
I fell in love!

コメントにプラス！

好きのデコバリエ
デートや出会いがあった日は、思いきりハートでデコ。

ラブラブ
目がハート
キス
ドキドキ
ポッ

キモいっ
spooky

ごめん、無理…
I'm sorry, no chance...

もう、うんざり！
I'm fed up!

もう、がまんできない！
Can't stand it!

yuck!
うげっ！

so what?
だから何？

ヤメて！
Cut it out!

絶対、いや〜！
absolutely not!

消えてっ
Get lost!

記憶から抹殺！
FORGET IT!

コメントにプラス！

嫌いのデコバリエ
英語で表しきれないイヤ〜な感情もデコでかわいくフォロー。

この〜
抹殺
大嫌い！
ありえない
もうイヤ…
NG

PART2 コメント感情表現 ……好き／嫌い

45

12
Ikeda kun asked me out!

サプライズは日常の刺激。かわいいデザインのふせんにコメントを書いて貼っても。

えぇ——っ！
Oh my gosh!

マジで!?
seriously?

信じられない！
I can't believe It!

まさか〜！
You're kidding!

No kidding!
うっそー！

さむっ どん引き〜
chill

目が点…
in a daze...

もしもし？なんですって!?
How's that again?

心臓に悪い…
suspenseful...

surprise!
びっくり!!
のコメント

I was surprised!
びっくりしたー

---

disappointed...
がっかり
のコメント

disappointed
がっかり〜

I'm so broke. I should have save some money! Ouch!

仕事やお金、友達づきあいなど、いろんな場面でがっかりコメントを使いこなして。

やっちゃった！（ヘマをした）
That's done it!

ちぇ〜っ
damn

残念！
What a pity.

サイアクだ…
couldn't be worse...

しょんぼり
depressed

泣きそう！
I almost cry!

ぐずだな〜
dilly-dally

それは残念だったね
That's too bad.

申し訳ない…
I feel sorry.

sigh...
はぁ〜っ（ため息）

PART 2 コメント感情表現 — びっくり／がっかり

なんといっていいやら…
I don't know what you say...

初耳！
That's news to me!

腰くだける〜
My knees gave way

息をのんじゃった…
It took my breath away...

Oh, boy!
おやまぁ〜

creepy
ゾゾッ

目が覚めた！
I woke up!

ハッとした！
I was startled!

ギョッとしたよ〜
I was frightened.

コメントにプラス！
びっくりのデコバリエ

びっくりマークをはじめ、いろんな驚きに合わせてアレンジ。

- うそー
- ありゃ
- マジ!?
- ええっ!?
- ギョッ

自業自得だ
It's my fault.

イタタ〜！
Ouch!

骨折り損だよ！
What a waste!

後悔…
regret...

テンション下がる〜
It let me down.

I envy
うらやましいよ…

life is hard
現実は厳しい

ハズレ！
sorry!

また〜!?
again?

なかったことにしよう
Let's forget it.

コメントにプラス！
がっかりのデコバリエ

意外と表現しにくいがっかりのデコには、こんなイラストを。

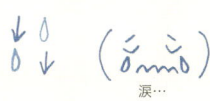

- 涙…
- shock
- がちょーん
- ううっ
- 残念…
- 放心…

business seminar in Shinjuku
I learned a lot!
11 12 trip

目分にはもちろん、仕事の仲間や友達へのメッセージにも英語でコメントしてみて。

がんばれ！
Go for it!

あきらめずにがんばろう！
Stick to it!

ドンマイ！
Never mind!

前向きに考えよう！
Think positive!

no worries!
心配いらないって！

自信をもって！
Be confident!

私 / あなたにはできる！
I/You can do it!

なるようになるさ
Let it be.

いい勉強になった！
I learned a lot!

cheer up!
元気出して！

cheer up!
はげまし
のコメント

---

annoyed
イライラ
のコメント

It's disgusting!
むかつくー！

アタマにきた！
I'm outraged!

ムッとくる〜！
That makes me mad!

イライラする！
I'm irritated!

やれやれ…お手上げ
whew

もう、知らんっ！
Beats me!

イラッとくる〜
I'm annoyed!

もうガマンできない！
This is it!

もう、だいなし！
in vain!

間抜けめ
goof

Get off my back!
ほっといてよ！

stressful!

頭にキターというときはこちら。口ではいいにくいことも英語でなら書きやすい!?

すんだことは仕方ない
What's done is done.

さっさと忘れよう！
Let's forget it!

気持ちを切り替えて！
Change my mood!

明日につながるよ
There will be tomorrow.

It will be fine!
大丈夫だよ！

relax!
ちょっと落ち着いて

ここが正念場！
do-or-die situation

いいね、その調子！
Go right on ahead!

万事オッケー
Bob's your uncle

励ましのデコバリエ
コメントにプラス！

英語に合わせて、さらにこんなデコで元気もやる気も倍増！

オー！
ガッツ
Fight!
それだ！
ウィンク

PART2 コメント感情表現 ・・・・励まし／イライラ

何が言いたいの？
So what's your point?

許せない！
Can't forgive!

してやられた〜
It got me.

時間のムダ！
Waste of my time!

仕事しろー！
You must work!

stressful!
ストレスのもと！

It sucks!
サイアクだ！

意味わかんないし
nonsense

シカトしよう
ignore

知ったかぶり！
wiseguy

イライラのデコバリエ
コメントにプラス！

かわいいイラストを添えて怒りをちょっとクールダウン。

怒
炎上
トゲトゲ
イライラ
激おこ
許せん！

49

{ Yu-dofu in Kyoto
{ It was very good!
Take it easy ♪

休日の気分転換や穏やかな日の日記には、こんなゆるめのコメントがぴったり。

一歩ずつ、一歩ずつ…
step by step

ウケる〜
That's so funny!

くつろごう
laid-back

へぇ〜！
huh!

take it easy ♪
のんびりやろう〜♪

ホッとした〜
I'm relieved.

自由だな〜
I'm free.

お気楽な日々
easy life

ゆるゆる〜
leisurely

Chilling out
のんびりのコメント

chilling out
まったり〜

---

rushed!
あせりのコメント

Help me!
誰か助けて〜

焦る〜！
feeling rushed!

バタバタだ〜
hectic

アタフタ オロオロ
helter-skelter

も〜わけわかんない！
confusion!

ギャー！
yipe!

パニくった〜
I was in a panic.

ちょっと落ち着け！
Calm down!

焦らないで！
Don't rush!

そう慌てるなって！
Hold your horses!

sooo busy!
ちょー忙しい！

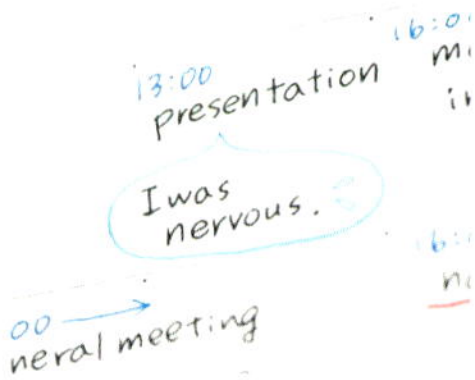

13:00 presentation
I was nervous.
00 neral meeting

仕事などに活躍。日記に書くときは、現在形の動詞は過去形に変えるとグッド！

癒される〜
It's really soothing.

ひと息入れよう！
Let's take a coffee break!

ゴロゴロしよ
lounge around

私って恵まれてる
I'm blessed.

マイペースで行こう！
So things at my pace!

comfortable!
快適、快適！

I fell asleep
うとうとしちゃった

解放された〜
free as a bird

あ〜ひと安心！
What a relief!

コメントにプラス！

のんびりのデコバリエ
ほのぼのデコで、手帳を見返すたびにのんびり気分に。

ゆっくり〜
ホッ
一歩ずつ
癒し〜
うんうん

PART2 コメント感情表現 …… のんびり／焦り

ちょっと不安
I'm worried about it a bit.

いっそ逃げ出したい！
I wanna get way!

ちょっと勘弁してよ〜！
Give me a break!

ヤバい！
This is bad!

I'm nervous
緊張する〜

う〜困った！
I'm in trouble!

ハラハラ ヒヤヒヤ
anxious

間に合わない！
Can't make it!

くらくらする〜
feelling dizzy!

コメントにプラス！

焦りのデコバリエ
アセる気持ちをかわいいデコでちょっと落ち着かせて。

アセアセ
急げっ
テンパリ
進め〜

51

会った人、気になる人、
ニガテな人…
人の印象・性格の表現

初対面の人から友人知人、
自分自身まで、ホメたりけなしたり、
毎日の日記にコメントしてみて。
「○○な人」と日記に書きたいときもお役立ち！

人の印象や外見

cool! カッコいい！
good-looking guy / hot guy イケメン
clean-cut 端正
cute かわいい
pretty きれい
an ugly face ブサイク

pleasant さわやか

sturdy たくましい

soothing いやし系

charming 魅力的

reliable 頼もしい
unreliable 頼りない
gentleman 紳士的
strong-looking 強そう
weak-looking 弱そう
fashionable おしゃれ
good taste センスがいい
dowdy ダサイ
fair 色白
dark-skinned 色黒
pale 青白い

neat and clean 清楚
elegant 上品
ladylike おしとやか
neat こぎれい
wealthy-looking セレブっぽい
young-looking 若々しい
old-looking 老けてる
happy-looking 幸せそう
happy-go-lucky チャラい
sexy 色っぽい
mysterious 神秘的
untrustworthy アヤシイ
weird キモい・不気味

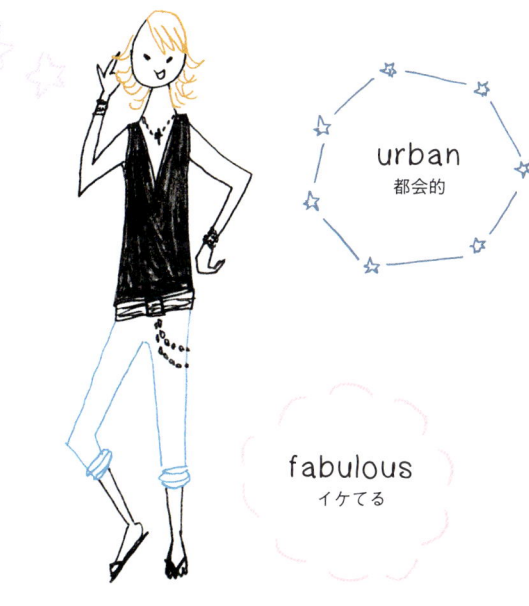

urban 都会的

fabulous イケてる

gorgeous 華やか

beautiful 美しい

intense キョーレツ
inconspicuous 影が薄い
strange ミョー（奇妙）
herbivore 草食系
carnivore 肉食系
tall / slender スラリとしている
slim ほっそり
chubby ぽっちゃり
super skinny ガリガリ
fat おデブ
short おチビ
healthy-looking 健康的
bald ハゲ

人の印象・性格の表現

funny おもしろい

cheerful 明るい

precise 几帳面

- **kind** やさしい
- **critical** キツイ・厳しい
- **honest** 誠実
- **thoughtful** 思いやりのある
- **tolerant** 懐が深い
- **cheapskate** ケチ
- **respectable** 尊敬できる
- **smart / intelligent** 頭がいい・知的
- **confident** 堂々としている
- **gloomy** 暗い
- **mature** 大人っぽい
- **childish** 子供っぽい

- **popular** モテモテ
- **dependable** 頼りになる
- **considerate** 気がきく
- **polite** きちんとしてる・礼儀正しい
- **modest** 謙虚
- **competent** 仕事ができる
- **careless** おおざっぱ
- **impatient** せっかち
- **slow and annoying** 面倒クサい
- **high-handed** 上から目線
- **self-confident and arrogant** オレ様
- **high-maintenance woman** 女王様

talkative おしゃべり

energetic パワフル

calm 落ち着いている

earnest まじめ

nerdy オタクっぽい
passionate 熱い
cool クール
masculine 男らしい
feminine 女らしい
handsome オトコ前

quiet もの静か
laid-back のんびり屋
big-hearted おおらか
petty セコい・みみっちい
clean-freak 潔癖症
warm-hearted 温かい
strong-minded 芯が強い
stubborn 頑固
scary 怖い
oblivious to the atmosphere ＫＹ（空気が読めない）

delicate 繊細

approachable とっつきやすい

unique 個性的
willing / proactive 積極的
unmotivated / passive 消極的
have a strong sense of justice 正義感が強い
goes his/her own way マイペース

fussy 細かい

selfish わがまま（自己チュー）

touchy 怒りっぽい

cowardly 臆病

55

Sally's column 3

つなぎの単語を
使ってみよう

> 英語日記の短い文を
> つなげて話すだけで
> 流暢に聞こえますよ

ブツ切り文が流暢に聞こえる

長めの日本語の文は、短い文に分けて書くことがこの本のルール（▶P.18）。英作文や英会話の上達には、まずシンプルな短い文をきちんと書けることが重要なためです。短い文は、接続詞や副詞でつなげることもできます。とくに英会話でこの「つなぎの単語」を使えば、日記で書いた短く簡単な文でも、ちゃんと流暢に聞こえるので試してみて。

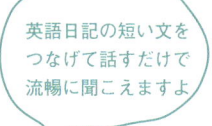

基本のつなぎの単語

接続詞や副詞の使い方には文法上のルールもありますが、
最初は細かいことを気にせず、とにかく日常で使いながら学んでいきましょう。

and ＝そして、かつ

I took a good rest and (I) refreshed myself.
→ ゆっくり休んでリフレッシュした

but ＝だけど

I handed in my business plan but it wasn't accepted.
→ 企画書を提出したけど、ボツになった

so ＝それで、だから

It was sudden, so I was surprised!
→ 突然で、驚いちゃった！

because ＝〜というわけで

I moisturized my skin with a lotion because my skin was so dry.
→ 肌がカサカサだったので、化粧水で保湿した

then ＝それから、さらに

I exercised at the gym, then I went to my office.
→ ジムでエクササイズをしてから会社に行った

PART 3

＼毎日気軽に／

書きたいシチュエーション別
ちょこっと3行日記

平凡な日常から、恋愛、仕事、お金、遊びなど、シチュエーション別に簡単な3行日記の書き方をご紹介。気軽に書いて、継続することが肝心。おもな出来事から探せる例文を参考にしながら書き続けてみて！

日常生活の日記を書く

何を書こう…なんて気負わず、寝起きなど日常を書くだけでOK。
まずは簡単なメモ感覚で、毎日つけることが肝心！

Point
**今日の出来事を
3行ルールでつぶやく**

慣れないうちは書きたいことの単語が浮かばないもの。まずは簡単に書くことが、3日坊主にならない秘訣。今日は何があった、何をしたなど、日常のひとコマを3行でつぶやいて。PART1の基本フレーズもフル活用して！

> 和訳 今朝は早起きしちゃった！
> 今日はお天気もよかった～♪
> たまってた洗濯ものを洗ったよ。
> スッキリした～！

Point
**どんな一日だったかは
日記で活躍するフレーズ**

「今日はいい日だった」「ツイてない日だった」など、どんな一日だったかというフレーズは、その一文だけでも立派な日記に。I had a good day は形容詞good を入れ替えれば、さまざまな一日を表現できるので使いこなして。

> 和訳 家の近くをお散歩した♪
> カフェで本を読んだり…
> 今日はいい一日だったな～

direction
- 今日の出来事の基本フレーズ10 ▶P.30～
- コメント感情表現 ▶P.42～
- 天気のアイコン集 ▶P.24～

2/Sat.

I woke up early this morning!
It was fine today♪
I did piles of laundry.

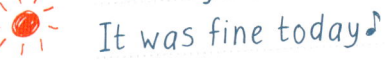

お天気のアイコンだけで、楽しさと日記の情報量がアップ。

> That felt good!

感想や気持ちをひとことコメントでプラス。

3/Sun.

I went for a walk in the neighborhood today♪
I read books in a café…
I had a good day!

絵日記風にイラストを添えると英文のシーンがイメージしやすくなる！

今朝は早起きをした！
I woke up early this morning!

スッキリ目覚めた
I woke up feeling good.

気持ちいい1日の始まりだった
It was a good start of the day.

花に水をあげた
I watered the flowers.

散歩に出かけた
I went for a walk.

ヨガをした
I did Yoga.

"朝活"をした！
I did my morning activities!

朝風呂に入った
I took a morning bath.

朝刊を読んだ
I read the morning paper.

今朝は寝坊しちゃった！
I overslept this morning!

バタバタと家を出た
I rushed out of the house.

会社に遅刻しちゃった
I was late for work.

午前中は仕事をサボった
I skipped work during the morning.

Sally's notes

- ✓ 「観葉植物」なら the foliage plants に。water は動詞にも使え「水をやる」「水をまく」といった意味に。

- ✓ 「犬を散歩に連れて行った」 I took my dog for a walk.

- ✓ ストレッチなら a stretch exercise に。ほか「ランニングに出かけた」は I went running.「ウォーキングに出かけた」は I went walking.

- ✓ お風呂でなくシャワーなら a shower に。

- ✓ 夕刊 the evening paper / 英字新聞 English newspaper / 日経新聞 Nikkei newspaper

- ✓ 寝坊する oversleep

- ✓ 授業に ~for class / 待ち合わせに ~for an appointment / 打ち合わせに ~for a meeting

- ✓ 飛ぶ、跳ねるの skip には、口語で「サボる」という意味も。「朝食を抜く」は skip breakfast に。

PART 3 ちょこっと3行日記 日常生活

時差ボケした…
I was jet-lagged...

慌てて ケータイ を忘れてきちゃった！
I forgot my cell phone in a hurry!

✓ cell はセルラー cellular を短縮した携帯電話の通称。アメリカでは一般的にスマホも cell phone に。忘れものにより名詞をさしかえて。スケジュール帳 pocket planner / 教科書 text book(s) / 書類 document(s) / 財布 wallet

起きたら昼だった…
I woke up in the afternoon...

昨日の夜は早く寝た
I went to bed early last night.

ちょー爆睡した！
I slept like a log!

✓ like a log は直訳すると「丸太のように」＝死んだように眠ったという意味。

寝だめした〜
I caught up on my sleep.

✓ catch up on〜 で〜の不足や遅れを取り戻すという意味に。

寝落ちしてた…
I fell asleep...

12時間も眠った…寝過ぎだろ！
I slept for 12 hours... I slept too much!

whew... やれやれ

日常生活のひとことコメント

Let's forget it なかったことにしよう

never mind! ドンマイ！

昨日の夜は夜ふかししちゃった
I stayed up late last night.

寝たのは午前3時だった
I went to bed at 3 in the morning.

徹夜で ゲームをした
I played games all night.

✓ 徹夜でしたことによってさしかえを。本を読んだ read books / 仕事をした worked / おしゃべりをした (We) chatted

ひと晩中、目がはれるほど泣いてた
I cried my eyes out all night.

目が冴えて 眠れなかった
I was too awake to go to sleep.

✓ too〜 であまりに〜で。腹が立って too angry / ショックで too shocked / 幸せすぎて too happy

> 今日は家でごはんを食べた

I ate at home today.

自分でランチを作って食べた
I made lunch for myself.

お昼はコンビニごはんだった
I had a convenient store lunch.

ケータリングを頼んじゃった
I ordered catered food.

今日のごはん、ちょーおいしかった！
Today's meal was delicious!

彼のために料理をした♥
I cooked for him♥

友達と"家飲み"した
I had a drink with friends at my house.

> 今日は実家に帰った

I went to my parents' home.

久々に祖母の家に行った
I visited my grand mother for the first time in a long time.

弟が家に彼女を連れてきた
My brother brought his girlfriend to our house.

姉とケンカしちゃった
I had an argument with my sister.

いとこの結婚式だった
It was my cousin's wedding.

父の日のプレゼントを贈った
I bought my father a gift for Father's day.

✓ 朝食 breakfast / 夕食 dinner / スイーツ sweets / 和食 Japanese food / パスタとサラダ pasta and salad

✓ 今イチだった場合は ~not so great に。ちなみに激マズだったときは ~nasty!

日常生活のひとことコメント

- yeah♪ わ〜い♪
- perfect condition! 絶好調！
- feelin' good♪ いい感じ♪

✓ 実家や生家＝親の家 parents' home に。直接的な表現が英語ならでは。

✓ 「久しぶりに」は for the first time in a long time

word list
- 祖父母 grand parents
- 両親 parents
- 兄弟 brother / 姉妹 sister
- いとこ cousin
- おじ uncle / おば aunt
- 甥 nephew / 姪 niece
- 娘 daughter / 息子 son

✓ 母の日の場合は ~my mother ~Mother's day に。

実家から荷物が届いた
I got a package from my parents.

> 今日は家で過ごした

I stayed in today.

- stay in で「家にいる」「外出しない」という意味に。

家じゅうを掃除した
I cleaned all over my house.

- all over で「全体くまなく」という表現に。集合住宅の場合は my apartment に。

word list
自分の部屋 my room
キッチン the kitchen
お風呂 the bathroom
トイレ the toilet

たまった洗濯ものを洗った
I did piles of laundry.

- pile は山積みという意味で piles of laundry で「洗濯ものの山」＝ため込んだ洗濯ものという意味に。

衣替えをした
I changed my wardrobe for the new season.

ガッツリ昼寝しちゃった
I had a long nap.

- nap は昼寝、うたた寝、居眠りの名詞。「昼寝をする」という動詞でも使える。

録画したテレビドラマを一日かけて観た
I watched the recorded TV dramas all day.

- 「ひと晩かけて」なら all night に。ちなみに韓流ドラマは Korean TV dramas.

部屋の模様替えをした
I rearranged my room.

- rearrange the room で「部屋の模様替えをする」。大がかりな「部屋の改装をする」は redecorate the room に。

本を読みふけった
I was absorbed in reading.

- be absorbed in~ で「~に夢中になる」「~に没頭する」

長風呂でリラックスした
I took a long bath to relax.

> ひとりでお出かけをした

I went out by myself.

近所に散歩へ出かけた
I went for a walk in the neighborhood.

- go for a walk で「散歩に出かける」。

渋谷へ買い物に出かけた
I went shopping in Shibuya.

日常生活のひとことコメント
It's okay! オッケ〜
good! いいね！
I'm free 自由だな〜

新しくできたパン屋さんに行った
I went to the new bakery.

行ってみたかったカフェでお茶をした
I had tea at a cafe. I wanted to go there.

- ✓ 「カフェでお茶をした / そのカフェに行ってみたかった」と2文に分けて考えれば簡単。一文でいうなら関係代名詞を使って **I had tea at a cafe that I wanted to go to.**

カフェで本を読んで過ごした
I read books in a cafe.

一週間の食料を買いだめした
I stocked up on enough food to last a week.

- ✓ **stock up on**で買いだめするという熟語に。**to last a week**は「1週間もつための」という意味。**last**は「足りる」という動詞。

今日はいい一日だったな〜
I had a good day.

- ✓ ツイてない、今イチな日だったなら**bad day**に。

楽しい一日だった！
I had a fun day!

今日はいいことがいっぱいあった
I had a day full of happiness.

充実した一日だった
It was a productive day.

- ✓ **productive**は「実りの多い」「有益な」といった意味の形容詞。

何もしない一日だった
I didn't do anything all day.

- ✓ だらだらしたというより「やることがない（ひまな）日だった」は **I didn't have much to do today.**

今日はのんびりできた
I was able to relax today.

- ✓ **be able to** で「〜できる」。

忙しい一日だった
I had a busy day.

ゆっくり休んでリフレッシュした
I took a good rest. I refreshed myself.

- ✓ 「パワーを充電した」は **energized myself.**

ヘトヘトに疲れた
I was exhausted.

- ✓ **be exhausted**で「ヘトヘトになる」「疲れきる」。

今日は天気がよかった
It was fine today.

- ✓ **fine**は晴天。天気が悪かったなら **bad weather**に。

恋愛の日記を書く

恋人のこと、片想いの相手や婚活での出会いなど、恋愛の日記は気持ちをシンプルに書くことが大切。

Point
1行めは今日の出来事を！

恋愛感情は表現が複雑。そこで書き出しは、どこに行った、誰と会った、デートをしたなど、その日あった恋愛にまつわる出来事をズバリと書きましょう。次ページからの例文では、吹き出しの項目がこれにあたるので参考に。

和訳 今日、ステキな人に出会った！
彼、まさに好みのタイプ☆
ひと目惚れしちゃった……ポッ♡

Point
さらに相手の印象や性格、自分の気持ちを書く

1行めの出来事をトピックスとして、それについてまとめると書きやすいはず。2行めは相手のこと、3行めは自分の感想を書くスタイルを基本にすると、まとまりやすく、人や感情のさまざまな英語表現を覚えられます。

和訳 今日は初めてのデートだった！
彼、ちょー優しかった…♥
ドキドキしちゃった〜！

direction
- 今日の出来事の基本フレーズ10 ▶P.30〜
- 好き嫌いのコメント感情表現 ▶P.44〜
- 人の印象・性格の表現 ▶P.52〜
- 気分・体調のアイコン集 ▶P.26〜

10/Mon.

I met a nice guy today!
He was exactly my type☆
I had a crush on him…

blush

ひとことコメントでも恋愛のテンションを表現！

13/Thu.

I had a first date with him today!
He was so gentle…♥
My heart was beating fast!

今日の気分や体調もアイコンでプラスして

It was great!

デートで行った店のカードや写真などもペタリ

> ステキな男の人に出会った！

I met a nice guy!

彼、まさに好みのタイプだった！
He was exactly my type!

彼にひと目惚れしちゃった♥
I had a crush on him♥

ビビッときた！
We had chemistry!

彼とは服のセンスが合うの
We share similar fashion sense.

彼とはいくら話しても話がつきなかった〜
We just couldn't stop talking.

私のこと、どう思ったかな？
What did he think of me?

彼女いるのかな？
Does he have a girlfriend?

絶対、彼をゲットするぞ！
Absolutely! I'll make him fall for me!

さっそく、彼にケータイメールしちゃった！
I already texted him.

> 今日は彼とデートをした♥

I had a date with him today

彼のおかげで楽しかったな〜
I really enjoyed spending time with him.

彼、ちょー優しかった♥
He was so gentle♥

✏️ Sally's notes

☑ **a nice guy** のほかに、「カッコいい人」 **a cool / cute / hot guy** などもネイティブ女子がよく使う表現。 ▶P.52〜

☑ 「笑いのセンス」なら **sense of humor** に。「〜の趣味（嗜好）」は **tastes of〜**

chu♥
チュッ

恋愛のひとことコメント

I'm crazy about you
あなたに夢中！

☑ ケータイメールは **text** といわれ、ケータイからメールをするという動詞にも使われる。**Will he text me?** で「彼はメールくれるかな？」に。

PART 3 ちょこっと3行日記 恋愛

ドキドキしちゃった！
My heart was beating fast!

彼も楽しかったかな〜？
Did he have a good time?

彼と手、つないじゃった！
I held his hand!

彼に早くまた会いたーい！
I wanna see him soon!

彼ともっと一緒にいたかったな…
I wanted to be with him longer...

次のデートはどこに行こうかな？
Where should we go for a next date?

彼に告られちゃった！
He asked me out!

☑ 「彼に告白しちゃった」は **I asked him out.**

彼、とても照れてたよ♪
He was blushing.

もじもじしちゃった
I was nervous.

もちろん、即OKした！
Of course, I said yes immediately!

☑ とりあえず〜なら **For now,** を文頭につけて。

突然で、驚いちゃった！
It was so sudden. I was surprised!

幸せすぎる〜！
How happy!

☑ ほかに「彼のおかげで最高にいい日♪」 **He really made my day.** や「世界一シアワセ！」**I'm the happiest woman in the world.** なども、幸せ気分でハイテンションなときのネイティブ女子の定番表現。

ちょっと引いちゃった…
It turned me off a bit...

ごめんね、悪いけど無理…
Sorry, no chance...

☑ 自分から告白して「彼に断られた」は **He turned it down.**

---

love him lots
彼が大好き

I'm in love!
惚れちゃった！

恋愛の
ひとこと
コメント

> 今日はふたりの記念日！

It was our anniversary today!

今日は私(彼)の誕生日だった
It was my (boyfriend's) birthday today.

彼といっしょに過ごせて幸せ♥
I'm so happy to be with him ♥

ずっといっしょにいようね、と誓った
I swore "we would stay together forever".

お祝いのケーキ、おいしかった！
The anniversary cake was delicious!

プレゼントに指輪をもらっちゃった！
He gave me a ring as a gift / present.

ちょーラブラブな一日(夜)だった♥
We had a romantic day (night).

☑ ○年め、○回めの記念日といいたいときは、**our 1st anniversary / our 2nd anniversary** など序数詞をつけ足して。

lovey-dovey ラブラブ

Excellent! サイコー！

grin♪ うふふ♪

☑ 誕生日に〜とする場合は **for my birthday** に。

> 彼とケンカしちゃった…

I had a fight with him.

彼のあの態度はひどい！
His attitude was horrible.

絶対に彼のほうが悪い！
It was entirely his fault!

泣きたい気分になった
I felt like crying.

ちょっといいすぎたかも…
Maybe I went too far...

明日、彼にちゃんと謝ろうっと
I'm going to apologize to him tomorrow.

☑ 「彼のあのひとことはひどい」は
That one thing he said was horrible.

☑ 「彼のほうから謝るべき！」は
He should apologize to me.

☑ **went too far** で「いいすぎた」「やりすぎた」という意味に。**Maybe** と文頭につけて、もしかして〜かもという表現に。

> 彼が浮気をしていた！

He was cheating on me!

☑ cheat on A で、A に隠れて浮気をする、裏切るという意味に。

もう、彼が信じられない！
I can't trust him anymore!

ワナワナ震えちゃった…
I was trembling...

いい訳なんか聞きたくない！
I don't listen to his excuses!

私のこと、本気じゃなかったんだね
I thought he really liked me.

もう、元には戻れないよ…
We can never get back together...

☑ get back together で「よりを戻す」。

明日、彼にガチで問い詰めよう
I'm going to confront him about this tomorrow.

☑ confront は困難などに立ち向かう、証拠などを突きつけるという意味。ここでは浮気問題について彼と直接対決するニュアンス。

恋愛のひとことコメント
Why is that? どうして？
I'll break up! もう別れる！
I got hurt... 傷ついた…

> 今日、彼と別れた…

I broke up with him today...

☑ Finally を文頭につけると「とうとう、ついに〜」とまとめた末に決着がついた感じに。

なんか彼に冷めちゃった
I lost all interest in him.

はっきりいって、フラれた…
Quite frankly, he dumped me...

☑ dump は恋人をふるという意味。自分を主語にふられたというなら I was dumped by him に。

涙が止まらない…
I can't stop crying...

☑ 「悲しくて何もできない」I'm too sad to do anything. / 「もう、立ち直れない」I don't think I can go on.

あ〜別れてスッキリした！
I'm so glad! It's over!

☑ over は終わるという意味。

新しい彼氏、作ってやる！
I'm going to find a new boyfriend!

☑ 「よりを戻したいな…」は I want to get back together.

今日は合コンだった！
I went to a mixer today!

今日の合コンはイケてた〜！
Today's mixer was ==awesome==!

ゆみも彼を狙ってたな…
Yumi seemed to like him too...

おさむくんとはイイ感じだった！
I hit it off with Osamu kun!

彼のメアド、ゲット！
I got his ==email address==!

次こそ、頑張らなきゃ！
I'm going to try harder next time!

彼にプロポーズされた！
He proposed to me!

彼から両親に会ってといわれちゃった
He asked me to meet his parents.

彼となら幸せになれる！
I'll be happy with him!

今日のこと、一生忘れない
I will never forget about today

彼と結婚するべき？　しないべき？
Should I marry him or no?

正直、とまどってしまった…
Frankly I was bewildered...

結婚式のことを考えるとワクワクする〜
I'm so excited about the wedding.

- 合コンを英語でいうと mixer や match-making party に。matchmaking は お見合いや縁結びのこと。

- awesome はネイティブの若者の口語で「すごい」「イケてる」のようなニュアンス。全然イケてなかったら not so awesome に。普通にすばらしいというなら great などで OK。

- hit it off で仲よくやる、息がぴったり合うという意味に。

- 電話番号なら phone number に。

- try harder でもっと頑張るという、気合いを入れて努力する感じに。

- 自分から彼にプロポーズしたなら I proposed to him.

- be bewildered でとまどう、面食らうという意味に。

恋愛のひとことコメント

all right! やったね！

I don't want anything! ほかに何もいらない！

仕事の日記を書く

うれしかったこと、へこんだことなど、自分だけの
"仕事日記"を手帳にメモ。やる気UPにつなげて！

Point
**その日の仕事の
トピックについて書く**

心に残った仕事の用件をタイトル風に書いて、それについて3行でまとめてみて。後から読み返すときも、内容がすぐにわかる。スケジュール帳の余白でもOK。

和訳
企画会議
私の企画が通った！
上司にもほめられちゃった♪
うれしかった〜〜〜
いいぞ、その調子！

Point
**落ち込んだ出来事には
自分を励ますコメントを**

日記の最後に、その日の自分にコメントを。客観的に自分を見たり、やる気アップにつなげよう！

和訳
残業
今日は担当の仕事でトラブって
夜9時まで残業だった
上司にも迷惑かけちゃったな…
気持ちを切り替えよう！

4/Mon.
/go right on ahead!\

PLANNING MEETING
My proposal was accepted!
I got a compliment from my boss♪
I was sooo glad!

気分のアイコンで
コメントを盛り上げて

7/Thu.
/change my mood!\

OVERTIME WORK
I had a trouble at my work today.
I worked overtime until 9:00pm.
I annoyed my boss…

Make a document by Monday

Book a flight ticket

ToDoメモは
主語なしで簡単に。
締め切りがあれば
書いて。

---

direction
- 今日の出来事の基本フレーズ10 ▶P.30〜
- 励ましのコメント感情表現 ▶P.48〜
- 気分・体調のアイコン集 ▶P.26〜
- 時間の表現 ▶P.98

今日は会議があった
We had a meeting today.

会議があまりにも長かった…
The meeting was so long…

ウトウトしちゃった〜
I was dozing.

しかも…何も決まらなかった
Besides…we haven't decided anything.

プレゼンで緊張した
I was nervous giving the presentation.

資料作りが大変だった〜
Making documents was hard work.

私の企画、ボツにされた…
My proposal got turned down…

意見をきっぱりいえた！
I could express my opinion directly!

仕事がうまくいった！
I did well at work!

私の企画が通った！
My proposal was accepted!

今日は仕事がはかどった
I made good progress with work.

契約が取れた！
I got a contract!

ノルマをこなした！
I filled my quota!

Sally's notes

✓ doze はうとうとする、居眠りするという動詞。「寝落ちした」I fell asleep. または I felt sleepy. でもOK。

✓ besides は「そのうえ〜」という副詞。

✓「お茶出しが〜」なら serving tea に。「スケジュール調整が〜」なら scheduling

✓ express my opinion で自分の意見をのべる。「何も発言できなかった…」は I couldn't say anything.

word list
- 朝礼 morning meeting
- 会議・打合せ meeting
- 資料作成 make a document
- 企画書アップ do my proposal
- 報告書作成 make my report
- 勉強会 workshop
- 出張 business trip
- 残業 overtime work
- 接待 business entertaining
- 直行 go straight to work
- 直帰 go straight home

✓ 新規契約が〜は a new contract に。注文が〜なら an order

✓ quota でノルマ、割り当て、分担。

PART3 ちょこっと3行日記 …… 仕事

上司にほめられちゃった
I got a compliment from my boss.

お得意に喜ばれた
I made the client happy.

なんと昇進したー！
Surprisingly, I got promoted!

仕事のひとことコメント

I'm nervous 緊張する〜

success! 成功！

again? また〜？

stressful! ストレスのもと！

仕事でトラブった！
I had a trouble at my work!

5分遅刻してしまった
I was five minutes late.

集客が心配だ…
I'm worried about attracting customers…

上司に迷惑をかけてしまった…
I annoyed my boss…

トラブルの対処に追われた
I was pressed to deal with the problem.

お得意先に書類を忘れてきてしまった
I left my documents at my client's office.

なんでこんなことになったんだろう？
How could this happen?

とにかく仕事を終わらせよう
I'm going to finish the work anyhow.

始末書を書かされた…
They made me write a letter of apology…

上司にガミガミ叱られた…
My boss shouted at me…

あんなイヤミを言わなくたっていいのに…
Even so he/she was so judgemental…

✓ 「売れ行きが〜」は sales に。「納期が〜」は about delivery date,「完成度が〜」は about perfection level に。

仕事のひとことコメント

That's done it! ヘマやっちゃった！

I learned a lot! いい勉強になった！

後輩にナメられた
The junior staff made fools of me.

今日は出張だった
I was on a business trip today.

始発の新幹線に乗った
I got on the first Shinkansen in the morning.

☑ 最終の〜というなら the last ~ in the evening。新幹線は高速列車を意味する bullet train でも。

6:15羽田発のJAL051便に乗った
I got on Flight JAL051 from Haneda at 6:15.

職場のおみやげにまんじゅうを買った
I bought Manju for my coworkers.

☑ bought A for ~ で「Aを〜に買ってあげる」となりおみやげの意味も含まれる。 my coworkers は職場の同僚の意味で for my office でもOK。

A社を初訪問した
I visited A Company for the first time.

NO残業デーだった
Today was "no-overtime-day".

☑ 「NO残業デー」は日本特有。欧米では残業するのがあたり前ではなく、定時で帰る人がほとんど。

今日は夜9時まで残業だった
I worked overtime until 9:00pm.

今日は休みをとった
I took a day off today.

☑ day off は仕事を休むこと。半休なら a half-day off でOK。まとまった休暇なら a vacation に。

就活をした
I job-hunted.

☑ job-hunt は職を探すという動詞として使われる口語。

履歴書を出した
I submitted my CV.

☑ CV は curriculum vitae resume の略で履歴書のこと。アメリカでは就職の履歴書は、概要(レジュメ)を意味する resume とも呼ぶ。

A社に採用が決まった！
I got accepted by A Company!

就活セミナーに参加した
I joined a job-hunting seminar.

☑ 参加したセミナーのテーマを変えて活用を。ビジネススキル business skill / 起業 starting a business / 自己啓発 self-enlightenment

お金の日記を書く

日々の収支や、お金についての出来事や目標を手帳にメモ。
英語で書くと海外暮らしの気分で新鮮！

Point
お金の出来事をこまめに書くことで貯め上手に

お金が入ったとき、使ったときなどに、内容や感想を書きとめて。お金を日々、意識することは貯金体質になる近道！ 英語で書くと手帳を人に見られたとき、内容がパッとわかりにくいメリットも。

和訳 〈給料日〉
月3万円の積立預金を始めた！
預金通帳を見るのが楽しみだな〜

Point
余白に簡単な家計簿を英語でメモしよう

給料日や月末などに、1か月の収支や予算を海外暮らし気分で楽しみながら書き出してみて。毎日、使ったお金の品目と金額をちょこちょこメモするのも、ボキャブラリーが増えておすすめ。

和訳 300万円貯金をするぞ！
収入 255,000円
〜予算〜
（以下の費目 ▶P.76〜）

direction
- 今日の出来事の基本フレーズ10 ▶P.30〜
- お金の夢叶え日記 ▶P.110〜
- お金や成功の名言・格言 ▶P.122

給料日やボーナスの日など、うれしいお金のトピックは大きく吹き出しなどに！

PAYDAY!

11 / Mon.

I started to have cumulative deposits: 30,000 yen a month. I look forward to seeing my bankbook!

目標の貯金額などを明確にすると貯まりやすい！
▶P.110〜

I'll save three million yen!

income   ¥255,000
--------budget---------
- savings   ¥30,000
- rent   ¥70,000
- utility charges   ¥15,000
- food expenses   ¥30,000
- social expenses   ¥30,000
- clothing expenses   ¥5,000
- miscellaneous expenses ¥50,000
- credit   ¥25,000

total   ¥255,000

Today was payday!
今日は給料日だった！

給料が上がった！
I got a raise!

お給料日まで、あと５日
5 more days until payday.

やっとボーナスが出た！
I finally received a bonus!

臨時収入があった！
I made extra income!

バイト料が出た
I got paid from my part-time job.

親からおこづかいをもらった
I received an allowance from my parents.

I saved 50,000 yen.
５万円貯金をした

ボーナスから15万円貯金した
I saved 150,000 yen from my bonus.

定期預金を始めた
I started to have a time-deposit account.

預金口座を開設した
I opened a bank account.

通帳を見るのが楽しみ！
I look forward to seeing my bankbook!

500円玉貯金を始めた
I started to save 500 yen in my piggy bank.

Sally's notes

お金のひとことコメント

rich♪ お金持ち♪

yay♪ わ〜い♪

☑ an extra income で臨時収入の意味に。made は earn（稼ぐ）と同様の意味になる。

☑ 時間就労のアルバイトは part-tim job に。

☑ allowance は毎月毎週などのおこづかい。自分が親にちょっとしたこづかいをあげたという場合は I gave my parents a little extra money.

☑ save で貯金・貯蓄をする。saving で貯金。円は金額の頭に¥で書いてもOK。

word list
普通預金 saving account
積立預金 cumulative deposits
外貨預金 foreign currency deposits

☑ piggy bank は直訳すると子ブタの貯金箱。子どもが使うような貯金箱の意味。

PART 3 ちょこっと３行日記 お金

A社の株を買った
I bought stocks from A Company.

株でもうけた
I made money in the stocks.

> 光熱費の支払い日

A utility payment day

<mark>携帯電話代</mark>を支払った
I paid for my cell phone bill.

<mark>家賃</mark>を振り込んだ
I paid for my rent through the bank.

カードの代金が口座引き落としされた
My card payment was made by direct debit.

口座からお金を3万円おろした
I withdrew 30,000yen from my account.

通帳の記帳をした
I had updated my bank book.

> ムダ使いしちゃった…

I wasted money...

衝動買いしちゃった
I made an impulse purchase.

服をカードで買っちゃった
I bought clothes with my credit card.

シャネルのバッグをクレジットで買った
I bought a CHANEL bag on credit.

高い買い物しちゃったな〜
I made a bad bargain.

---

word list

電気代　electricity bill
ガス代　gas bill
水道代　water bill
インターネットプロバイダ料　Internet bill
新聞代　newspaper bill
チケット代　ticket bill
受講料　course fee
参加料　participation fee
月謝　monthly fee
学費　tuition

✓ **direct debit** は口座引き落としのこと。

お金のひとことコメント

This is bad! ヤバい！

I'm so broke! 超金欠！

今日はお金を使いすぎちゃった…
I spent too much money today...

ちゃんと貯金しておけばよかった〜
I should have saved some money.

月末で金欠〜!!
I'm so broke at the end of the month!!

残高があと3万円しかない
I have only 30,000 yen in the account.

予算をキープしなきゃ！
I must budget!

節約をした！
I saved some money!

お弁当を持参してランチ代を節約した
I brought my lunch box. I saved some money on my lunch.

今日から家計簿をつけ始めた
I started to keep my household accounts.

セール品をゲットした
I got a good bargain.

1万円得をした
I saved 10,000 yen off.

お値打ちだった
It was a good deal.

夏ものの衣類を50％オフで買った
I bought summer clothes 50% off.

生活用品をクーポンで安く買った
I bought housewares cheaper with coupons.

靴をオークションで買った
I bought shoes in an internet auction.

word list
収入　income
貯金　savings
支出　payment
光熱費　utility charges
食費　food expenses
交際費　social expenses
衣服費　clothing expenses
雑費　miscellaneous expenses
合計　total
残金　balance

good at managing!
やりくり上手！

well done!
エライ！

☑ 売った場合は **I sold** 〜に。

PART 3　ちょこっと3行日記　お金

遊びの日記を書く

友達と会ったり、映画やテーマパークに出かけたり。
遊びの思い出も英語で書くと、いっそう楽しげ！

Point
友達とワイワイの日記は写真やコメントを添えて

その場の楽しいムードを思い出せるように書くのがコツ。一番心に残ったエピソードをひとことで書いて、さらに写真を貼って、同行した人の名前やコメントを添えるとグッド。

和訳
今日は女子会だった！
りえの話にちょーウケて
あ〜飲み過ぎたー♪
「楽しかった〜！」

Point
場所や作品、人などの固有名詞を盛り込む

映画やミュージアム、イベントなどに出かけたら、会場や催事の名称、アーティストの名前などをさりげなく書き残して。情報の記録とともに、普段書かない単語やスペルを知るきっかけに。

和訳
渋谷に映画を観に行った
レオナルド・ディカプリオ
かっこよかった〜♥
私も映画みたいな恋したい！
タイトルは「華麗なるギャツビー」

direction
- 今日の出来事の基本フレーズ10 ▶P.30〜
- うれしいのコメント感情表現 ▶P.42〜

11/Fri.

We had a girls' night out today! Rie's story was so funny. Gee... I drank too much♪

We had fun!

思い出の写真も切り抜いてペタリ。アルバム風に楽しんで。

16/Sun.

I saw a movie in Shibuya. Leonardo DiCaprio was so hot♥ I want to fall in love like in the movies!

The title was **THE GREAT GATSBY**

映画やイベントはタイトルやテーマを目立たせて！

今日は女子会だった！
We had a girls' night out today!

今日は同窓会に行った
I went to the reunion today.

しゃべりまくってストレス発散した〜
I released my stress by talking my jaw off.

恋愛関係のネタで盛り上がった！
We told about relationships. We had fun!

ちえは最近、元気がない
Chie's down lately.

りえの話には、ちょーウケた！
Rie's story was so funny!

新しい友達ができた
I made a new friend.

今日はフェイスブックに「いいね！」を10回押した。
I liked 10 times on Facebook today.

友達とランチをした
I had lunch with my friend(s).

ゆみをランチに誘った
I asked Yumi to go out for lunch.

赤坂のスタバで待ち合わせした
We met at the Starbucks in Akasaka.

フレンチを食べた
We had French food.

おいしかった〜！
It was tasty!

Sally's notes

- girls' night out ＝女子だけで出かけることの口語。

- 同期会 class reunion / OB会 class reunion, alumni association

- jaw はおしゃべり、雑談のこと。

- ダイエットネタなら about diet. 職場ネタなら about work-related stuff.

- 「泣けた」は〜made me cry.「励まされた」は〜encouraged me.

- 「いいね！」は英語版だと「like」。Facebookとセットで動詞に使うと、いいねボタンを押したという意訳に。

- 夕食なら dinner に、お茶なら tea に。「誘う」invite は外食の場合、こちらがする(＝おごる)というニュアンスに。

- イタリアンなら Italian〜、中華料理なら Chinese〜、和食なら Japanese〜。

今日は飲み会だった
I went to a drinking party.

みんなで池袋の居酒屋で飲んだ
We drank at a pub in Ikebukuro.

今日は飲み過ぎたー
I drank too much today.

今日のビールは最高においしかった！
Today's beer tasted extra special!

王様ゲームで盛り上がった
We had fun playing "King Game".

二次会はカラオケだった♪
The after-party was held at Karaoke ♪

男子がEXILEを熱唱した
The guys passionately sang an "EXILE" song.

終電ギリギリでアセッた
I almost missed the last train.

映画を観に行った
I went to see a movie.

タイトルは「華麗なるギャツビー」
The title was "The Great Gatsby".

号泣しちゃった
I cried my eyes out.

主演のジョニー・デップがかっこよかった！
The leading actor Johnny Depp was hot!

映画みたいな恋したいな♥
I want to fall in love like in the movies♥

遊びのひとことコメント

I had fun! 楽しかった〜！

I got drunk! 酔っぱらった〜！

✓ 欧米にも日本の王様ゲームに似た "truth or dare" という秘密を告白しないと罰ゲームを受ける無茶ぶり余興ゲームが。

word list
- コメディ **comedy**
- アクション **action**
- ホラー **horror**
- サスペンス **suspense**
- ファンタジー **fantasy**
- ＳＦ **sci-fi** (science fictionの略)
- アニメ **cartoon / animation**

✓ 恋愛映画であれば **a romance movie** とジャンルの部分を変えてみて。

✓ 「感動した」**I was moved.**
「爆笑した」**I laughed my head off.**
「ハラハラした」**It was breathtaking.**
「スカッとした」**I felt refreshed.**
「怖かった」**It was scary.**
「つまらなかった」**It was boring.**

美術館へ行った
I went to the art museum.

落ち着いて鑑賞できた
I was able to appreciate the art calmly.

いい作品がたくさんあった
There were many great art works.

感性を刺激された！
It stimulated my senses!

美術館は 混雑していた
The art museum was crowded.

2時間も並んだ！
I had to line up for two hours!

ミュージアムショップで画集を買った
I bought an art collection book in the museum shop.

> word list
> 博物館 museum
> ギャラリー gallery
> アート展 art exhibition
> 写真展 photo exhibition
> 個展 personal exhibition

✓ 空いてたなら wasn't crowded.

アミューズメントパークへ行った
I went to the amusement park.

お花見を楽しんだ
I enjoyed cherry blossom viewing.

一日じゅう遊んで楽しかった！
I had fun all day hanging out!

ジェットコースターで絶叫した！
I cried at the top of my lungs on a roller coaster!

自分のおみやげにぬいぐるみを買ったよ
I bought a stuffed animal as a souvenir.

フェイスブックに写真をアップしちゃった
I uploaded photos to Facebook.

✓ I went to 〜の後に行った場所の名詞を入れて。固有名詞以外は頭に the か a を。

> word list
> 東京ディズニーランド
> Tokyo Disneyland (TDL)
> ユニバーサル・スタジオ・ジャパン
> Universal Studios Japan(USJ)
> 動物園 zoo
> 水族館 aquarium
> プラネタリウム planetarium
> ボウリング場 bowling alley
> 温泉施設 hot spring bath
> 花火大会 fireworks display

PART3 ちょこっと3行日記 …… 遊び

趣味の日記を書く

旅行や料理、音楽、写真、ペット、スポーツ…etc
自分の趣味を手帳に記録すると、楽しみも倍増！

Point
**欲張らずに要点を
まとめるのがコツ**

自分が好きな趣味のことは、あれもこれも書きたくなってしまうけれど、最初はまず3行から。「ひとことでいえば」というつもりで、行った場所と感想を英語で書いてみて。

和訳
「山ガール日記」
六甲山でトレッキングに挑戦した
大自然の中でリフレッシュできた～！
有馬温泉にも入ったよ♪

Point
簡単な活動データを記録

スポーツなら時間や試合結果、旅行なら日程、料理ならレシピ、写真なら撮影場所など、活動記録のデータをメモ。記録しておくことで、やる気も書き続ける楽しみもアップ！

和訳 六甲山
＊標高：931.3m
＊ルート：芦屋川→風吹岩→
　雨ヶ峠→山頂
＊歩行時間：4時間30分
「また歩きに来たい！」

direction
- 今日の出来事の基本フレーズ10 ▶P.30〜
- 天気のアイコン集 ▶P.24〜
- うれしいのコメント感情表現 ▶P.42〜
- 料理や旅行の英語日記 ▶P.11〜

お気に入りの日記タイトル
をつけて楽しんで。

Yamagirl's Diary♪

11 / Mon.

I tried trekking in
Mt. Rokko.
I felt refreshed in nature!
I took a hot spring
in Arima♪

MT. ROKKO
ALTITUDE: 931.3m
ROUTE:
　Ashiyagawa
　→ Kazefukiiwa
　→ Amaga-touge
　→ the Summit
WALKING TIME:
　4 hours and
　30 minutes

I'll go again!

スポーツなら、その日のウエアをイラストや写真で記録しておくのもおすすめ。

> 旅行をした！
I took a trip!

ゆみこと <mark>新幹線</mark> で京都に行った
I went to Kyoto with Yumiko by <mark>Shinkansen</mark>.

<mark>温泉旅館</mark> に2泊した
I / We stayed at <mark>a hot spring inn</mark> for two nights.

八坂神社へお参りした
I paid a visit to Yasaka shrine.

ご当地名物の"ひつまぶし"を食べた
I had a local special dish "HITSUMABUSHI".

<mark>観光名所</mark>のAで写真を撮った
I took a picture at the A. It's a <mark>tourist spot</mark>.

ホテルの部屋の窓から海が見えた
I saw the ocean from the hotel window.

あっという間の2日間だったー！
Two days finished in no time!

忘れられない旅になった！
This trip was unforgettable!

絶対、また来ようと思った！
I definitely wanted to come again!

> 手料理を作った
I made home cooking.

今日はハンバーグを作った
I made hamburger stakes today.

<mark>フレンチ</mark>に挑戦した！
I tried <mark>French</mark> cooking!

✏️ **Sally's notes**

☑ 日帰り旅行 a day trip / 1泊旅行 an overnight trip

☑ 車 car / 飛行機 plane / 電車 train / バス bus

☑ リゾートホテル resort hotel / 高級ホテル luxury hotel / 民宿 guest house

☑ pay a visit to ～で「～に参詣する」に。

☑ 朝食 / ランチ / 夕食に～というなら文末に for breakfast / lunch / dinner をつけ足して。

☑ パワースポット power spot / 絶景 superb view / 穴場スポット out-of-the-way spot

> **word list**
> 旅行日程 itinerary
> 持ち物リスト packing list
> おみやげリスト gift list
> ～へのおみやげ a gift for ～

☑ 彼と～といいたい場合は文末に with my boyfriend. 新婚旅行で～なら on my honeymoon. をつけ足す。

☑ 「パンを焼いた」I baked bread. /「お菓子を作った」I made sweets. /「お弁当を作った」I packed a lunch.

☑ 和食 Japanese ～ / イタリアン Italian ～ / 中華 Chinese ～ / エスニック Ethnic ～

PART 3 ちょこっと3行日記 …… 趣味

ホワイトシチューのレシピ
white stew recipe

word list for recipe

材料 **Ingredients**
2人分　2 servings
大さじ1　1 big tsp
小さじ1　1 tsp (＝tea spoon)
1カップ　1 cup
1袋　1 pack
1片　1 piece
1枚　1 slice
少々　a little
※1以上は各単語を複数形に

作り方 **How to cook**
じゃがいもを切る
cut a potato
刻む　mince
焼く　bake (オーブン) / broil (直火) / grill (焼き網)
電子レンジにかける
heat ~ in a microwave oven
炒める　fry

煮る　boil
蒸す　steam
つぶす　mash
混ぜ合わせる　mix
かき混ぜる　stir
注ぐ　pour
のせる　put
加える　add

今日の献立はカレーとサラダとスープ
Today's menu is curry, salad and soup.

盛りつけもキマッた！
It looked very nice!

次はもっと上手に作るぞ
I'll try to make it better.

レシピブログに投稿しよう！
I'll post on the recipe blog!

料理のひとことコメント

It was tasty!
おいしかった！

well done!
上手にできた！

not very good...
失敗…

ジャズのコンサートに行った
I went to a jazz concert.

今日はツアー初日だった！
It was the opening day of the tour!

☑ "スマップ"の~ SMAP's ~ / クラシックの~ classic ~

☑ 千秋楽・最終日なら closing day に。

今日のライブ、ちょーシビれた！
I totally freaked out at their performance today!

☑ freak out は興奮してワケがわからなくなるという意味でネイティブがよく使う口語。

彼はまじでかっこよかった
He was seriously so cool.

大好きな曲"A"を聴いた
I enjoyed listening to my favorite song,"A".

彼は本当に歌がうまかった
He sang really well.

☑ ヘタだったなら **badly** に。

あの曲は心にしみた…
That music was really impressive...

word list
会場 venue
開演 the show starts
座席 seat
演目 program
曲目一覧 set list

いいコンサートだった！
It was a wonderful concert!

写真を撮った！
I took photos!

word list
撮影場所 shooting locations
モデル model
テーマ theme
タイトル title
感想 impression

☑ 写真1枚なら **a photo** に（他の例文も同様）。

☑ 人物写真 portraits /
建築写真 architecture photographs /
料理写真 food photographs

風景写真を撮った
I took **scenic photographs**.

お気に入りの1枚が撮れた！
I took a nice photo!

絵になる場所／人だったな
The place / person made a good picture.

手ブレしちゃった…
The photo came out blurred...

click
パチリ

写真のひとことコメント

Say, cheese♪
ハイ、チーズ♪

モノクロで撮ってみた
I took a black-and-white photo.

ペットと遊んだ
I played with my pet.

☑ **pet** の部分をさしかえて。
犬 dog / 猫 cat / インコ parakeet /
ハムスター hamster / うさぎ rabbit

今朝はジョンの散歩に行った
I took a walk with John **this morning**.

☑ 早朝 early monrning /
夕方 evening / 深夜 midnight

今日もジョンは元気いっぱいだった！
John was energetic as usual!

☑ 「ジョンは元気がなかった」
John wasn't so energetic.

ジョンにかみつかれた…
John bit me...

PART3 ちょこっと3行日記 …… 趣味

ペットショップでジョンのごはんを買った
I bought dog food for John at a pet shop.

☑ 服 **clothes** / リード **lead** /
首輪 **collar** / ケージ **dog cage**

タマと一日中、遊んでた
I played with Tama all day.

タマはごはんをよく食べた
Tama ate a lot.

☑ 「あまり食べなかった」
Tama didn't eat a lot.

獣医さんにジョンを診せた
I took John to vet.

☑ 獣医 **vet**= **veterinarian** の略

山登りに出かけた

I went mountain climbing.

☑ **go** の後に〜**ing** でアクティビティを入れて「〜に出かけた」の意味に。
ラフティング **rafting** /
ダイビング **diving** / カヌー **canoeing**

屋久島でトレッキングに挑戦した
I tried trekking in Yakushima.

念願の富士山に登った！
My dream has come true! I climbed Mt. Fuji.

word list
標高　altitude
天候　weather conditions
ルート　route
歩行時間　walking time

頂上でご来光を楽しんだ
I enjoyed the sacred sunrise at the summit.

景色がすばらしかった！
The view was magnificent!

山登りの
ひとこと
コメント

大自然の中でリフレッシュできた
I felt refreshed in nature.

I was moved!
感動した！

山ガールの仲間でキャンプをした
I had a camp with my "Yamagirl" friends.

yahoo!
ヤッホー！

I really feel good!
いい気分！

ランニングした

I ran / jogged.

☑ 日常、トレーニングで走るのは
run / **jog** どちらでもOK。

今日は3km走った
I ran 3 km today.

今朝は6時に走った
I ran around 6:00 this morning.

今日はランニングをサボってしまった
I skipped running today.

==ランニングシューズ==を新調した
I got a new ==pair of running shoes==.

- ランニングウエア running wear

ハーフマラソンにエントリーをした
I entered a half marathon race.

東京マラソンに初参加をした
I ran in Tokyo marathon race for the first time.

今日のマラソンは==とてもキツかった==
I felt today's marathon was ==really hard==.

- 「〜とてもラクに感じた」〜 very easy /「〜とても気持ちよかった！」〜 feeling nice /「〜マイペースで走れた」I ran at my own pace.

今日はテニスをした
I played tennis today.

- I play 〜 にあてはめられるスポーツはほかに、ゴルフ golf / フットサル futsal / サッカー soccer / football など。

ゴルフの練習をした
I practiced golf.

- 「ゴルフのレッスンを受けた」
I took a golf lesson.

もっと練習が必要だと感じた…
I needed more practice.

フットサルのクラブに入った
I joined a futsal club.

サッカー観戦で盛り上がった
Watching soccer game was exciting!

スキーのツアーに申し込んだ
I made a ski tour reservation.

今日はかなり上達した！
I improved a lot today.

- 「なかなか難しかった」
It was pretty difficult.

早く試合をしたいと思った！
I wanted to have a game soon.

スポーツのひとことコメント

- won! 勝った！
- lost... 負けた…
- good game! いい試合だったね

PART 3 ちょこっと3行日記 …… 趣味

美容・健康 の日記を書く

ダイエットや肌、髪のケア、日々の体調などを英語でメモ。
習慣にすると、キレイと元気の意識もアップしますよ！

Point
**ダイエット日記こそ
英語で書くのがおすすめ**

あまり人に見られたくないダイエット日記も、英語なら毎日の手帳に書きやすいもの。パッと見ても内容がばれにくく、毎日書く習慣をつけると目標達成にも効果大！

和訳　今日は3km、ウォーキングした♪
一日の摂取カロリーも1500kcalをキープして
1キロ減！よっしゃ！
「今日の体重51kg、体脂肪率28％、摂取カロリー1480kcal」

Point
**体調のアイコンを
プラスして**

その日の体調を表すアイコンを書いて、楽しく体調管理。たとえば生理中やエッチをした日など、いろんなプライベートのアイコンを作ってみて。

和訳　肌の調子が今イチ…
やっぱり、生理になった。
お腹イタイよ～

direction
- 今日の出来事の基本フレーズ10 ▶P.30～
- 気分・体調のアイコン集 ▶P.26～
- 励ましのコメント感情表現 ▶P.48～
- キレイの夢叶え日記 ▶P.114～

17/Mon.

I walked for 3km today♪
I kept my daily calorie intake to 1500!
I lost 1 kilo! I'll do it!

体重や体脂肪などのデータも記録。ダイエットの目標などを書いても！

TODAY'S
weight : 51kg
BFP : 28%
calorie intake : 1480kcal

※BFP=Body Fat Percentage

20/Thu.

My skin condition is bad…
I knew I got my period.
My cramps were killing me.

生理中などは自分にだけわかるアイコンを目印に。

TODAY'S
weight : 51.5kg
BFP : 28%
calorie intake : 1350kcal

ただいまダイエット中！
I'm on a diet now!

体重が1キロ減った！
I lost 1 kilo!

体脂肪率が30％を超えた
My body fat percentage **exceeded 30%.**

一日の摂取カロリー1500kcalをキープした
I kept my daily calorie intake to 1500.

スイーツががまんできなかった…
I couldn't resist sweets.

今日はエクササイズをきちんとやった
I **properly did** my exercise today.

今日は3km、ウォーキングした
I **walked** for 3 km today.

ジムで1時間、エクササイズをした
I exercised at the gym for an hour.

今日はメイクがキマッた！
I looked good with my makeup!

今日は濃いめのしっかりメイクだった
I put on **lots of makeup** today

今日は化粧くずれがひどかった…
My makeup came off so much today.

大人っぽく赤の口紅にした
I applied red lip stick to look mature.

アイライナーがきれいに引けた！
I put on **eyeliner** nicely!

Sally's notes

☑ 「(体重が)増えた」は gained〜。
キロは kg でも OK。

☑ 「30％をきった」は
〜 was below 30%.

word list
体重　weight
スリーサイズ（表記）
B / W / H
食べたもの　I ate…
計画表　program

☑ 「さぼっちゃった」は I skipped 〜.

☑ 「ランニングした」は I ran 〜.

☑ 「ヨガをやった」did Yoga〜 /
「ストレッチをした」stretched〜 /
「ダンスをした」danced〜

☑ 薄めのナチュラルメイクは
light makeup で OK。

word list
アイブロー eyebrow
アイシャドウ eye shadow
チーク blusher
マスカラ mascara
つけまつげ false eyelashes

☑ 失敗したら I couldn't put on〜
nicely. アイテム名をさしかえて。

肌の調子がいい！
My skin condition was good!

☑ 今イチなら good を bad に。

ていねいに洗顔した
I carefully washed my face.

今日はお肌の手入れデー！
I took care of my complexion today!

肌がカサカサだったので保湿した
My skin's so dry. I moisturized it with a lotion.

この美容液、いい感じ♪
This beauty essence is very nice♪

明日のデートに備えてパックをした
I applied a face pack for a date tomorrow.

word list
化粧水　lotion
乳液　milk lotion
保湿クリーム
moisturizing cream
洗顔料　facial cleanser
クレンジング
Makeup remover

シミができちゃった〜
I got a blemish.

☑ シミは spot でもOK。blemish はネイティブのメイク用語。

毛穴が気になった…
I was self-conscious about my facial pores…

ニキビができてショック…
I get pimples. I hate it…

word list
シワ　wrinkles
ニキビ・吹き出物　imples
目尻のシワ　laugh lines
日焼け　sun-burned

エステに行った
I went to the esthetic salon.

フェイシャルエステを受けた
I had a facial treatment.

スパでマッサージを受けた
I got a massage at a spa.

word list
アロママッサージ
aromatic massage
フットマッサージ
foot massage
指圧　shiatsu
整体・整骨
osteopathy

気持ちよくて寝ちゃった
It felt so good. I fell asleep.

> ヘアサロンに行った

I went to a hairdressing salon.

髪をばっさり切ってイメチェンした！
I got my hair chopped off. I changed my look!

- chop off でばっさり切るという表現に。イメージチェンジは和製英語なので注意。

思いきりショートにしちゃった
I got my hair cut very short.

ふんわりパーマをかけてみた
I got my hair softly permed.

- きつめには hard～、ストレートなら straight ～に。

巻き髪で女子っぽくした
I made my hair look girly by curling it.

ヘアアーティストとのおしゃべりは楽しいな
I like talking with the hairdresser.

ヘアトリートメントをした
I gave my hair a treatment.

ヘアアイロンでうまく巻けた
I got a nice hairstyle with a curling iron.

美容・健康のひとことコメント
- perfect condition! 絶好調！
- It's really soothing 癒される～

> ネイルサロンに行った

I went to a nail salon.

- いろいろなサロンをあてはめて。まつ毛エクステサロン eyelash extension salon / 日焼けサロン tanning salon

フレンチネイルをしてもらった
I got a French manicure done.

花柄のネイルアートをしてもらった
I got a flower patterned manicure.

word list
- 水玉　polka dot
- 星　star
- ハート　heart
- リボン　ribbon
- ストライプ　stripe
- ボーダー　border
- チェック　check

甘皮のケアをした
I took care of my cuticles.

今日は赤のネイルにした
I gave myself a red manicure today.

- ペディキュアの場合は manicure を pedicure に。

生理になった…
I got my period...

ちょー生理痛がひどかった
My cramps were killing me.
☑ 軽かった場合は〜 were not so bad.

いつもより5日早く生理がきた
I got my period 5 days earlier than usual.
☑ 遅くなら later に。

月経量が多かった
I had heavy menstrual flow.
☑ 少なかったなら light に。

生理がこない…
My period is late...

妊娠検査薬でテストをした
I took a pregnancy test.

今日は体調が悪かった
I was not feeling well today.

頭痛がひどかった
My head was pounding.

ひどい肩こりだった
I had bad stiff shoulders.

word list
- ひどい腰痛　a bad backache
- ひどい腹痛　a bad stomachache
- ひどい筋肉痛　severe muscle pain
- ひどい眼精疲労　a painful eye strain
- ひどい二日酔い　an awful hangover

今日は風邪ぎみだった
I had a slight cold.

熱っぽかった
I felt feverish.

インフルエンザに感染した！
I caught the flu!

風邪で会社を休んだ
I took a day off from work with a cold.

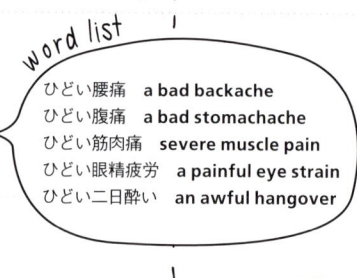

美容・健康のひとことコメント
- boohoo　え〜んえ〜ん
- tough…　つらい…
- feeling down　凹む〜

咳が止まらなかった
I couldn't stop coughing.

一日じゅう寝込んでいた
I was in bed all day.

もう少しで倒れそうだった
I almost fainted.

☑ faint は貧血で倒れるという意味も。

吐き気がした
I felt nauseous.

☑ めまいなら dizzy に。

花粉症デビューした
I got hay fever for the first time.

便秘になった
I became constipated.

☑ 「便秘がすっきり解消した」
I relieved constipation.

病院に行った
I went to a hospital.

☑ 開業医の診療所は
clinic または doctor's office

かかりつけの医者の診察を受けた
I saw my doctor.

word list
- 内科医　physician
- 外科医　surgeon
- 皮膚科医　dermatologist
- 婦人科医　gynecologist
- 耳鼻科医　ENT(ear, nose and throat) doctor
- 眼科医　eye doctor
- 歯科医　dentist

今日は健康診断を受けた
I had a checkup.

レントゲンをとった
I had an X-ray.

会社の医務室に行った
I went to the medical treatment room at work

薬局で薬をもらった
I picked up my medicine at the pharmacy.

PART 3　ちょこっと3行日記　美容・健康

習い事・勉強 の日記を書く

英語のレッスンをはじめ、趣味の習い事、仕事に役立つ勉強など、自分を磨くための日記をつけてみましょう。

Point
レッスンや試験などのトピックを立てて書く

習い事ならレッスンの日、勉強なら試験や講習を受けた日など、話題のある日に日記を書くのがおすすめ。一番上にトピックの見出しを立て、成果や感想を簡単に書いて。

和訳　英語レッスン
今日のレッスンはとても勉強になった！
フェイスブックに英語で書き込みもしちゃった
けっこう上達したな～♪

Point
その日学んだことを簡単な箇条書きに

英語なら覚えておきたい英単語、料理ならメニュー、セミナーなら項目など、学んだことを箇条書きでメモ。頭に□のボックスをつけ、覚えたらチェックを入れて。

和訳　単語の復習
□ 頼りになる　□ とまどう
□ パワフル　　□ 感動する
□ 女子会　　　□ 謝る
□ 仲良し

direction
- 今日の出来事の基本フレーズ10 ▶P.30～
- 励ましのコメント感情表現 ▶P.48～
- 気分・体調のアイコン集 ▶P.26～
- 時間の表現 ▶P.98

4/Mon.

ENGLISH LESSON
I learned a lot from today's lesson!
I posted a message in English on Facebook.
I think I'm getting better♪

REVIEW OF THE WORD
□ dependable　　□ be bewildered
□ energetic　　　□ be moved
□ girls' night out　□ apologize
□ buddy-buddy

10:50pm～ NHK E-TV

The textbook : 18th of each month

語学番組の放送時間、テキストや情報誌の毎月の発売日など、くり返しのメモはふせんに書いて貼れば使い回せて便利。

> 今日は英会話のレッスンだった

I had an English lesson today.

今日のレッスンはとても勉強になった
I learned a lot from today's lesson.

今日のレッスンはついていけなかった…
I couldn't follow today's lesson...

けっこう上達したな〜
I think I'm getting better.

宿題がたくさん出た
They gave us a lot of homework.

予習をした
I prepared for my lesson.

パソコン講座に申し込んだ
I applied for a computer course.

ヨガの一日レッスンに参加した
I participated in a one-day Yoga lesson.

ダンススクールの体験レッスンをした
I took a trial dance lesson.

> セミナーに参加した

I participated in a seminar.

講師のA氏と話ができた
I was able to speak to the lecturer A.

セミナーに参加してよかった！
I participated in the seminar. I'm glad!

キャリアアップセミナーを検索した
I searched career improvement seminars.

Sally's notes

word list
- 料理　cooking
- 茶道　tea ceremony
- 書道　calligraphy
- フラダンス　hula
- 陶芸　pottery
- フラワーアレンジメント　flower arrangement

✓ 「復習をした」は reviewed 〜に。

I'll do it! よし、やるぞ！
go for it! がんばれ〜！
Let's try! やってみよう！

✓ 講習会は class や workshop に。研修会は training session に。

資格試験を受けた
I took a certification exam.

✓ exam は examination の略。検定試験も a certification exam または exam だけでも OK。

今日の試験、がんばったな〜
I did my best on today's exam.

今日の試験、楽勝だった♪
Today's exam was a piece of cake♪

✓ piece of cake で楽勝という意味。名詞扱いに。

今日の試験、結果はビミョー…
I didn't do so well on today's exam...

思っていたより難しかった…
It was harder than I thought...

ちょっと勉強不足だった…
I didn't study enough...

試験に受かった〜！
I passed the exam!

word list
○○アドバイザー　〜advisor
○○カウンセラー 〜 counselor
初級　elementary level
中級　intermediate level
上級　advanced level
1級　first grade
準1級　pre-first grade

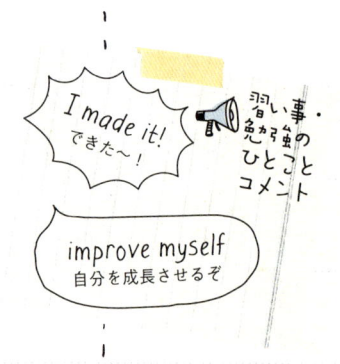

くやしい！不合格だった…
How frustrating! I failed the exam...

もう一度、勉強し直そう
I'm going to study all over from the basics.

試験勉強をがんばった
I studied hard for the exam.

次の試験にエントリーをしたぞ！
I applied for the next exam!

I made it!
できた〜！

習い事・勉強のひとことコメント

improve myself
自分を成長させるぞ

英語の勉強をした
I studied English.

英単語を10個覚えた
I memorized 10 English words.

テレビの基礎英語を観た
I watched a TV program on basic English.

フェイスブックに英語で書き込んだ
I posted a message in English on Facebook.

英語でツイートした
I tweeted in English.

今日は1時間、勉強した
I studied for one hour today.

あまり勉強がはかどらなかった
I didn't make good progress with my study.

お役立ちの参考書をゲットした！
I bought a useful reference book!

Never give up! あきらめないぞ！

stick to it 粘り強く

大学に行った
I went to the university.

講義に出た
I attended the lecture.

サークル（部活）に出た
I participated in my club.

レポートを書いた
I wrote a paper.

一夜漬けで試験勉強をした
I studied all night for the exam.

今日は期末試験だった
We had a final exam today.

"過去問"をゲットした！
I got past exam questions!

ゆみこにノートをコピーさせてもらった
Yumiko let me copy her notes.

- 小学生 elementary school / 中学校 junior high school / 高校 high school

- シンプルに授業 class でもOK。補講・補習 supplementary class / ゼミ seminar

- circle「サークル」は和製英語。英語では club という。

- 学生の論文レポートは paper と呼ぶのが一般的。「レポートを提出した」は I submitted my paper.

- 中間試験 mid-term exam / 追試 makeup exam

- 「ゆみこにノートを貸してあげた」 I lent Yumiko my notes.

PART 3 ちょこっと3行日記 習い事・勉強

Sally's column 4

時間の表現を覚えよう

日記文に時間をつけ加えて

日記文がいつ頃の出来事か、あるいは予定や目標には、期限や期間も英語で書いてみましょう。覚えておくと、仕事の英語メールなどにも役立ちますよ。

> とくに夢叶え日記はいつまでに実現すると期限をつけて！

今日の出来事などに

- ☐ 今日　today
- ☐ 今朝　this morning
- ☐ 午前中　in the morning
- ☐ 午後に　in the afternoon
- ☐ 今晩　this evening
- ☐ 1日じゅう　all day
- ☐ 深夜まで　until midnight
- ☐ 8時から17時まで　from 8:00am to 5:00pm

過去と未来の日

- ☐ 先日　the other day
- ☐ 土曜日に　on Saturday
- ☐ 昨日　yesterday
- ☐ おととい　the day before yesterday
- ☐ さきおととい　two days before yesterday
- ☐ 明日　tomorrow
- ☐ あさって　the day after tomorrow
- ☐ しあさって　two days after tomorrow
- ☐ 先週末　last weekend
- ☐ 今週末　this weekend
- ☐ 来週末　next weekend
- ☐ 毎週末　every weekend
- ☐ 土曜日ごとに　every Saturday
- ☐ 1日おきに　every other day

予定や目標などの期限

〜までに

- ☐ 3年以内に　within three years
- ☐ 今年の5月までに　by (this) May
- ☐ 来年の3月までに　by next March
- ☐ 来月までに　by next month
- ☐ 来週までに　by next week
- ☐ 月末までに　by the end of this month
- ☐ 年末までに　by the end of this year
- ☐ 今年の中旬までに　by the middle of this year
- ☐ 来年の初旬までに　by early next year
- ☐ 3月下旬までに　by late March
- ☐ 15日までに　by 15th
- ☐ 水曜日までに　by Wednesday
- ☐ 誕生日までに　by my birthday
- ☐ クリスマスまでに　by Christmas

〜後に

- ☐ 3年後に　in three years
- ☐ 半年後に　in half a year
- ☐ 1か月後に　in one month

予定などの期間

- ☐ 月曜日から金曜日まで　from Monday to Friday
- ☐ 12月28日から1月3日まで　from Dec.28 to Jan.3

direction
月の省略形
▶P.40

PART 4

＼モチベーションアップ／

夢や目標も英語で！
Sally式 夢叶え日記

思わず書きたくなる、夢や目標をクリアーするための Sally 式日記の書き方をご紹介。I'll〜（＝I will）の文型で、自分の意志を明確に書くこと。自分の意識や行動が自然と実現に向かい、夢が叶いやすくなります！

\ Sally式 /
夢叶え日記の書き方ポイント

> 書いた夢や目標を何度も目にすることが大切

ワクワクしながら英語日記を続ける秘訣はこれ！
英語を覚えながら、しっかり夢や目標をクリアする書き方のコツをご紹介します。

POINT 1 叶えたい夢は I'll (will)〜と書く

未来形の助動詞 will には、もともと「意志」の意味があります。例文の和文は現在形にしていますが、英文では、夢を実現させる強い意志を表して I will＝I'll〜 を使い「〜になる！」という決意を込めて書きましょう。willの後は動詞の原形に。

POINT 2 大きい夢にはフレームをつける

夢や目標はただ書くだけでなく、それを「何度も目にすること」で脳にインプットされます。とくに叶えたい大きな夢は、フレームで飾ってしっかり目立たせて。本書のフレームの絵を参考に、手帳の最初のページや月頭などに大きく書きましょう。

大きな夢は手帳の最初など目につく場所に。写真に撮って携帯やPCの待ち受けにしても！

和訳
「2年以内に結婚する、絶対に」
「5キロやせる！6月までに」

2014 DIARY >>>

\ definitely /
I'll get married within two years.

I'll lose 5 kilos!
by June

かわいいフレームで目立たせるのがコツ

KEEPING A JOURNAL
TO MAKE YOUR DREAMS COME TRUE

PART4 夢叶え日記 …… 書き方ポイント

POINT 3 夢の実現に向けて小さな目標を書く

「夢は大きく、日々の目標は小さく」が実現のコツ。最初に夢を書いたら、その実現のために「やるべきこと」＝小さな目標を手帳の月や週の頭に書き出しましょう。目標も書くだけで終わらせず、何度も見たり自己チェックすることが大切。

小さな目標は書き込みスペースが狭ければ I'll は省略してもOK

〔 目標 goal の見出しを書こう 〕

今月の目標　My goal(s) of this month
今週の目標　Goal(s) of this week
※My はつけるほうがベター。書く目標が複数であれば goals に。

POINT 4 どんどん書き足してくり返し読む！

堅苦しく考えず、日常で思いついた新しい夢、目標や実践アイデアも手帳にどんどん書き足しましょう。目標に「絶対に」などの意気込みや期限をプラスするのもおすすめです。とにかく書き出して、目で見て、さらに読み返すがコツ！ 実現力も英語力もアップしていきます。

夢は多いほどいい！思いついたらすぐ手帳に書いて

書き出した後のルール
- 何度も見直す
- さらに声に出して読み返す
- どんどん書き足し、書き直しをする
- クリアした目標は✓を入れて達成感を得る

意気込みや期限の単語
absolutely / definitely　絶対に / 確実に
certainly / surely　必ず / きっと
by 〜 / within 〜　〜までに / 〜以内に

direction
時間の表現
▶P.98

恋愛の夢を叶える
DREAM OF LOVE

フレームに書き込む

大きな夢
恋人をつくる、結婚をする…etc. すぐには無理でも「近いうちに」と思う恋愛にまつわる夢をフレームつきで書きましょう！

I'll get Mr. Right!
理想の彼氏と出会う

Mr.Right は結婚相手として理想の人という意味。R は大文字に。

I'll have a boyfriend!
彼氏を作る！

boyfriend は日本では男友達のイメージでも、英語では恋人を指す。

I'll live with him.
彼といっしょに住む

「同棲する」は live together や口語では shack up などという。

I'll get married within three years.
3年以内に結婚する

within ～以内に。in three years だと「3年後に」となるので注意！

Sally's advice

◯◯◯な人の書き方
夢は具体的なほど◎。
どんな人なのかをつけ加えてみましょう♪

下の ☐ の部分に、どんな人かを表す形容詞を入れます。
理想の人はどんなタイプですか？ P.52 ～も参考に！

I'll get a ☐ guy.　　☐な人と出会う
I'll get married a ☐ guy.　　☐な人と結婚する

PART4 夢叶え日記 …… 恋愛の夢

こちらも参考に！

I'll ask him out!
彼に告白する！

I'll make him fall for me!
彼を振り向かせる！

I'll seriously start looking for my future husband.
本気で婚活をする

I'll quit my job to get married!
寿退社する！

I'll be a celebrity's wife!
セレブ婚をする！

He'll ask me to get married.
彼にプロポーズされる

I'll wear a wedding gown.
ウェディングドレスを着る

I'll have an overseas wedding.
海外で結婚式を挙げる

I'll buy my own house in three years.
3年後にマイホームを買う

I'll go to Hawaii with him.
彼とハワイに行く

新婚旅行に行くなら、地名の後に **for my honeymoon** をつけて。

I'll be his girlfriend!
彼の恋人になる！

女友達でなく"彼女"になるという意味。will be で「〜になる」。

direction
人の印象・性格の表現
▶P.52〜

さしかえ単語例
- cool　かっこいい
- honest　誠実な
- smart　頭のいい
- funny　おもしろい

大きな夢を叶えるための

小さな目標を書く

恋人や結婚への夢を叶えるために、何をすべき？
何度もくり返し、英語で口に出しつつ実行を！

☐	合コンにもっと行く	I'll go to mixer parties more.
☐	趣味のサークルに参加する	I'll join some clubs.
☐	もっと料理上手になる	I'll become a better cook.
☐	女子力をアップする	I'll improve my feminine power.
☐	彼の好みをリサーチする	I'll find his favorite things.
☐	明日、彼にメール（携帯メール）をする！	I'll email (text) him tomorrow!
☐	"イイ女"の研究をする	I'll read about what the "attractive woman" is.
☐	はるかの真似をする	I copy Haruka's style.
☐	フェイスブック（ツイッター）で男友達を増やす	I'll have more male friends on Facebook (twitter).
☐	友達に男の人を紹介してもらう	I'll ask my friend to introduce me to a man.
☐	結婚紹介所に申し込む	I'll sign up at a matchmaking service.
☐	お見合いパーティーに参加する	I'll join a matchmaking party.
☐	バレンタインチョコを手作りする	I'll make chocolate on Valentine's Day.

PART 4 — 夢叶え日記 ····· 恋愛の夢

	彼に誕生日（クリスマス）プレゼントを渡す	I'll give him a birthday (Christmas) present.
☐	彼にもっとやさしくする	I'll be nicer to him.
☐	彼の気持ちを理解する	I'll understand his feeling.
☐	彼ときちんと話し合う	I'll talk with him more seriously.
☐	デートの時間をもっと作る	I'll make more time for our date.
☐	彼を飲みに誘う	I'll ask him to go for a drink.
☐	彼にもっと話しかけてみる	I'll talk to him more often.
☐	彼好みの服を買う	I'll buy his favorite clothes.
☐	彼にお弁当を作る	I'll pack a lunch for him.
☐	彼に手料理をふるまう	I'll cook for him.
☐	彼を呼べるよう部屋を掃除する	I'll clean my room before inviting him.

理想のイメージはできるだけ具体的にビジュアル化しよう

「どんな結婚をしたい」「こんな家に住みたい」など、自分が思い描く理想のイメージは、できるだけ具体的に書き出すほど、意欲や行動に結びついて実現しやすくなります。さらに視覚で脳にインプットすると効果バツグン。写真や雑誌の切り抜きなど、自分の理想に近いビジュアルを夢や目標とともに手帳に貼ってみて。

仕事の夢を叶える
DREAM ABOUT WORK

フレームに書き込む

大きな夢
何になりたい、何を頑張りたいなど、まずは仕事のビジョンを。無理と決めつけず、まずは書いてみることが大切ですよ！

I'll be an artist!
アーティストになる！

「〜になる」は will be または will become を使う。下記参照を。

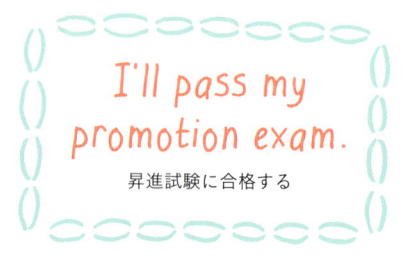

I'll pass my promotion exam.
昇進試験に合格する

昇進試験は Promotion exam で OK。exam は examination の略。

I'll get a job at ABC corp.
ABC社に就職する

get a job at 〜で「〜に就職する」。corp は corporation の略。

I'll get the president award!
社長賞をとる！

the president award で社長賞。表彰の金一封は cash award

Sally's advice

◯◯◯になるの書き方
なりたかった職業を書くことで夢がぐんと現実に近づきますよ♪

be動詞は身分や存在を表し「〜になる」は will be に。現在の身分をいうなら I am a/an _____ となります。

I will be a/an _____

PART4 夢叶え日記 …… 仕事の夢

こちらも参考に！

I'll change my job before next year.
来年までに転職する

「〜年までに」は before 〜 year
「年内に」は within the year

I'll be the top sales person in my office!
営業成績トップになる！

計画や目標の「営業成績を達成する」
は achieve sales performance

さしかえ単語例
- writer 作家
- singer 歌手
- dancer ダンサー
- instructor 講師
- artist アーティスト / 画家
- cooking expert 料理研究家
- illustrator イラストレーター
- consultant コンサルタント

I'll be posted in PR section.
広報部に配属される

I'll be transferred to PR section.
広報部に異動になる

I'll go on a business trip to NY.
ニューヨークに出張する

I'll be transferred to overseas office.
海外に赴任する

I'll get promoted to manager.
主任に昇進する

I'll get a raise!
昇給する！

I'll start my own business.
独立・起業する

I'll have my own cafe (shop).
カフェ（ショップ）を開業する

I'll make this plan a success.
企画を成功させる

大きな夢を叶えるための 小さな目標を書く

仕事の目標は、何をするか具体的に書くのがコツ。勉強が必要ならP.112〜113も参考にして。

☐	もっとスキルアップする！	I'll improve my skills!
☐	昇進試験の勉強をする	I'll study for the **promotion exam**.
☐	週に3本、企画を考える	I'll make three business plans a week.
☐	資料（名刺）をきちんと整理する	I'll organize my **documents (business cards)**.
☐	会議で自分の意見を言う	I'll tell my opinion in a meeting.
☐	プレゼンを成功させる	My presentation will be successful.
☐	新しい取引先を開拓する	I'll get more new clients.
☐	絶対に契約をとる	I'll definitely get a **contract**.
☐	就職情報を集める	I'll get **employment** information.
☐	就活セミナーに参加する	I'll attend a seminar for job hunting.
☐	ビジネスマナーを身につける	I'll have business manners.
☐	田中さんに仕事のやり方を教わる	I'll ask Tanaka san how to work well.
☐	ビジネス書を3冊読む	I'll read three **business books**.
☐	勉強会（研修）に参加をする	I'll join a workshop (training).
☐	メールの返信をスピーディにする	I'll reply to emails promptly.

DREAM ABOUT WORK

PART4 夢叶え日記 ····· 仕事の夢

☐	異動願いを出す	I'll ask for a **transfer to another section of the company.**
☐	上司に希望の仕事について相談をする	I'll talk with my boss about the work I want.
☐	毎朝、30分早く出社する	I'll get to my office **30 min. earlier than usual** every morning.
☐	毎朝、新聞をチェックする	I'll read the newspaper every morning.
☐	上司にやる気をアピールする	I'll make an appeal to my boss that I'm motivated.
☐	同僚ともっとうまくつき合う	I'll get along better with **my co-workers.**
☐	アイデアは即メモする	I'll take a note at once when I get an idea.
☐	仕事の効率アップを心掛ける	I'll try to **increase efficiency** at my work.
☐	残業を減らす！	I work less overtime!

plus one!

つい忘れがちな目標や用事はふせんに書いてくり返し貼ろう

夢や目標を書き出しても、そのまま忘れてしまっては意味なし。大きな夢をフレームに入れるのは目に入りやすくする工夫のひとつですが、なかなか達成できない日々の目標などは、ふせんに書いて、毎週など常に手帳の一番目につきやすい場所に貼り直しましょう。そのつど、今度こそやらなきゃと意識できるはず。

お金の夢を叶える
DREAM OF MONEY

フレームに書き込む

大きな夢

基本はやっぱり貯金。ほかにも給料や年収、棚ボタの収入など まずは手にしたいお金の夢を手帳に大きく書きましょう！

I'll save five million yen!
500万円貯金する！

save で貯金する。**one million** = 100万 ほか、下記を参照して。

I'll make ten million yen!
年収1000万円になる！

make ＋金額で「年収を稼ぐ」の意味に。**Ten million** =1000万。

I'll get a salary increase.
給料をアップさせる

get increase で数量を「アップさせる」。年収は **annual salary** に。

I'll win first prize in a lottery!
宝くじで一等を当てる！

宝くじやロトくじは **lottery** という。**first prize** は一等賞。

Sally's advice

収入の書き方
貯金や収入の目標額は ～ **yen** と明確に！ 英語でも書いてみて。

頭は小文字に。もちろん数字で書いてもOKです。

- ten thousand ＝ 1万
- one hundred thousand ＝ 10万
- one million ＝ 100万
- ten million ＝ 1000万
- one hundred million ＝ 1億
- one billion ＝ 10億

大きな夢を叶えるための
小さな目標を書く

目標のお金を手にするために、いかに収入を増やすか、節約するかなど具体的な目標を。

☐	月3万円貯金をする！	I'll save 30,000 yen a month!
☐	ムダ使いをしない	I won't waste my money.
☐	定額預金を始める	I'll start **fixed-amount savings**.
☐	残業代を稼ぐ	I'll work overtime and get paid.
☐	副業（バイト）を探す	I'll look for a **side business (part-time job)**.
☐	お弁当を作って外食代を節約する	I pack a lunch and save some money.
☐	自転車通勤で交通費をうかす	I ride my bike to work and save some money.
☐	マネー誌を読む	I'll read a **financial magazine**.
☐	株の勉強をする	I'll study **stock transactions**.
☐	服をネットオークションで売る	I'll sell my clothes on internet auction.
☐	500円玉の貯金箱を買う	I'll buy a **piggy bank** for 500 yen coins.
☐	家計簿をつける	I'll keep my **household accounts**.
☐	クレジットカードを使わない！	I won't use my credit card!
☐	ジャンボ宝くじ（ロト6）を買う	I'll buy "Jumbo (Loto6)" lottery ticket(s).

PART4 夢叶え日記 お金の夢

習い事・勉強の夢を叶える
DREAM OF STUDYING

フレームに書き込む

大きな夢

習い事や勉強こそ、目標や計画を立てることが達成の第一歩。大きな夢に向かって、モチベーションを高めましょう！

I'll speak English fluently.
英語がペラペラになる

fluently 流暢に。英語のほか、下記を参考にいろんな語学を。

I'll pass a Boki 1st grade qualification.
簿記1級をとる

資格を「とる」、試験に「受かる」は **pass** または **get** を使って。

I'll get into Tokyo university.
東京大学に合格する

入試の場合は **get into**〜で「〜に合格する」。〜は学校や組織の名称。

I'll study abroad.
海外に留学する

「アメリカに語学留学する」なら **I'll go to the US to study English.**

Sally's advice

○○を勉強するの書き方
語学や資格試験など勉強してみたいことを書き出してみましょう。

基本は **I'll study** ☐ で直接目的語を入れます。

さしかえ単語例
- Chinese　中国語
- French　フランス語
- Italian　イタリア語
- an exam for a secretarial qualification　秘書検定
- calligraphy　書道
- tea ceremony　茶道

大きな夢を叶えるための
小さな目標を書く

学びたいことを身につけるために、スクールに通うほか、自分流の勉強法や日課を作ってみて。

☐	英語のスクールに通う	I'll go to English language school.
☐	海外ドラマを英語で観る	I'll watch **oversea dramas** in English.
☐	毎日、英語日記をつける	I'll keep my diary in English every day.
☐	英語でツイートする	I'll tweet in English.
☐	フェイスブックで外国の友達を作る	I'll make some foreign friends on Facebook.
☐	TOEICで900点以上とる	I'll score **over 900** on TOEIC.
☐	英単語を1日10個覚える	I'll memorize 10 words per day.
☐	韓国語を**独学**で勉強する	I'll study Korean **by myself**.
☐	料理のレッスンを受ける	I'll take cooking lessons.
☐	ゴルフレッスンを申し込む	I'll apply for golf lessons.
☐	スクールの**体験**レッスンをする	I'll take a **trial lesson**.
☐	毎日3時間、机に向かう	I'll study three hours a day.
☐	問題集をやり終える	I'll finish my **workbook**.
☐	留学の情報を集める	I'll collect some information about studying abroad.

PART 4 夢叶え日記 …… 習い事・勉強の夢

キレイの夢を叶える
DREAM OF BEAUTY

> フレームに書き込む

大きな夢
美しくなりたい夢はつきないもの。夢や目標をしっかり書いて、美容・健康の日記（P.88〜）に日々の成果を記録しましょう！

I'll lose 5 kilos!
5Kgやせる！

lose で体重が減る＝やせる意味に。**kilo(s)** は普通に **kg** と書いても **OK**。

I'll have a figure like a model, A.
モデルのAみたいな体型になる！

A には名前を入れて。女優なら **actress**, 著名人なら **celebrity** に。

I'll be careful what to eat.
食生活を整える

be careful で気をつけるという意味。**what to eat** は何を食べるか。

I'll get beautiful skin.
美肌をゲットする

美肌は普通に **beautiful skin** で **OK**。美髪なら **beautiful hair** に。

Sally's advice

期限の書き方
いつまでに目標を達成するか書き足すとやる気もアップ！

「〜までに」という期限には前置詞 **by** を使います。

I'll lose 5 kilos by March. 　3月までに 5kg やせる
I'll get beautiful skin by Christmas!
クリスマスまでに美肌ゲット！

direction
時間の表現
▶P.98

大きな夢を叶えるための
小さな目標を書く

ダイエットなどは期限（P.114参照）を決めるのがおすすめ。逆算して今できることを自問して。

PART4　夢叶え日記　キレイの夢

☐	間食をしない	I won't eat any snack foods.
☐	糖分（炭水化物）を控える	I'll take less sugar (carbohydrate).
☐	21時以降は食べない	I won't eat after 9:00pm.
☐	姿勢をよくする	I'll have a good posture.
☐	スポーツクラブに通う	I'll go to fitness club.
☐	1日1万歩、歩く	I'll walk 10,000 steps per day.
☐	1日15分、エクササイズを続ける	I'll keep doing my exercises 15 min. per day.
☐	野菜をもっと食べる	I'll eat more vegetables.
☐	食べたものを毎日記録する	I'll take a memo what I eat every day.
☐	飲み過ぎ厳禁！	Never drink too much!
☐	加湿器を買う	I'll get a humidifier.
☐	肌のパック（マッサージ）を毎日する	I'll have a facial mask (massage) every day.
☐	フェイシャルエステを受ける	I'll have a facial treatment.
☐	夜12時までに寝る	I'll go to bed by 12 midnight.

いろいろな夢を叶える
DREAM OF LOTS OF THINGS

フレームに書き込む

大きな夢
自分自身や暮らしをレベルアップさせる夢は、まだまだあるはず。叶えたいと思うことをどんどん書いてみましょう！

I'll start living on my own.
ひとり暮らしをする

独立してひとりで暮らすこと。**live alone, live by myself** でもOK。

I'll take a trip to Europe.
ヨーロッパ旅行をする

「世界一周旅行をする」は **I'll travel around the world.**

I'll buy a condo.
分譲マンションを買う

condo = condominium の略。一戸建ての場合は **house** に。

I'll be a sophisticated lady.
知的美人になる

sophisticated lady で、教養のある洗練された女性を意味する。

Sally's advice

自己評価をする
目標を書いたら定期的に達成できたかどうか自己評価してみましょう！

自己評価 Self-evaluation を定期的にやると、書きっぱなしにならずおすすめ。評価を英語でも書いてみて！

- **Perfect! Excellent!** 完璧！
- **Cleared the goal** クリアー
- **OK! Pass** まあ、よし！
- **Good!** 合格！

PART 4 夢叶え日記 …… いろいろな夢

こちらも参考に！

I'll become a new person.
自分を生まれ変わらせる

I'll change my life style.
ライフスタイルを変える

I'll do something nice for my parents.
親孝行をする

I'll find what I really want to do.
本当にやりたいことを見つける

I'll develop a sense of style.
おしゃれのセンスを磨く

I'll live abroad.
海外で暮らす

I'll create a perfect room.
理想の部屋に変える

I'll get a driver's license.
運転免許を取る

I'll travel in space.
宇宙旅行に行く

I'll buy a HERMÈS bag.
エルメスのバッグを買う

I'll find my lifework.
ライフワークを見つける

lifework は生涯をかける仕事。使命や天職なら calling などという。

I'll make a lot of friends.
友達をたくさん作る

趣味のサークルや仕事で〜なら from my club／work をつけ足す。

direction
励ましのコメント感情表現
▶P.48〜

- F (Failure)　不合格
- Try again!　やり直し！
- Think about it!　反省せよ！
- Give up　断念

大きな夢を叶えるための
小さな目標を書く

日々忙しいとつい忘れがちなこと、心がけなどは、くり返し書いたり、口に出すことがコツですよ！

☐	ひとり暮らしの費用を調べる	I'll look up all the cost of living alone.
☐	住宅情報をリサーチする	I'll look up housing information.
☐	旅行プランを立てる	I'll make a plan for my trip.
☐	本を毎週1冊読む	I'll read a book every week.
☐	毎朝、ニュースをチェックする	I'll check the news every morning.
☐	美文字の練習をする	I'll practice good handwriting.
☐	憧れの人のライフスタイルを真似する	I'll copy the life style of my ideal person.
☐	ブログを始める	I'll start blogging.
☐	フェイスブックをもっとこまめにやる	I'll be Facebooking more frequently.
☐	昔の友達に連絡をする	I'll contact my old friends.
☐	毎日、笑顔で過ごす	I'll smile every day.
☐	「ありがとう」を口ぐせにする	"Thank you" will be my favorite phrase.
☐	きれいな言葉づかいをする	I'll speak politely.
☐	自分の長所（短所）を書き出す	I'll make a list of my good (bad) points.
☐	何か新しいことにチャレンジする	I'll try something new.

☐	人の話をもっとよく聞く	I'll listen to other people more carefully.
☐	自分のことをほめる	I'll say nice things about myself.
☐	ひとりになる時間を作る	I'll make my own time.
☐	リラックスできる時間を持つ	I'll make time to relax.
☐	ストレス解消法を見つける	I'll find a way of reducing my stress.
☐	両親と話す時間を作る	I'll make time to talk with my parents.
☐	母に手紙を書く	I'll write a letter to my mother.
☐	雑誌でファッションの研究をする	I'll read about fashion in a magazine.
☐	家の不用品をすべて捨てる	I'll throw out all junk.
☐	インテリアショップを見て回る	I'll take a look around the interior shops.
☐	毎日英語を使う	I'll use English every day.

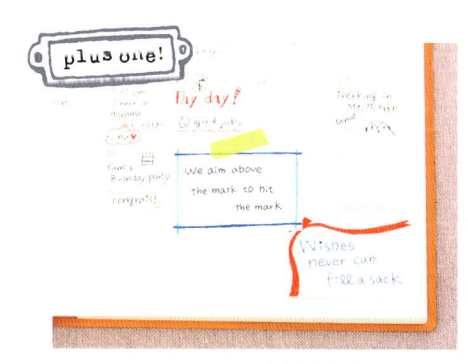

plus one!

自分が元気になる言葉やフレーズはカードに書いてストックしよう

自分を励ますひとこと（▶P.48～）、心に残った名言や格言（▶P.120～）など、自分に元気やワクワク感をくれる言葉は、どんどん夢叶え日記に書き添えましょう。単語帳やカードに書きためて、自分だけの名言集を作るのもおすすめ。そのときどきの気持ちにぴったり合う言葉を選んで、手帳に貼って差しかえて楽しみましょう。

日記に添えて
自分へのメッセージに！
心が元気になる
英語の名言・格言集

今の気持ちにぴったりくる名言や格言を書きとめて、日記にプラス。目にするたび気分が上がったり、夢や目標を叶える励みに！

恋愛
Love

"True love never grows old."
真の愛はけっして朽ちることはない

"Love is being stupid together."
恋とは、二人でいっしょにばかになること
ーポール・ヴァレリー／詩人・評論家・フランス人

"Gather ye rosebud while you may."
命短し、恋せよ乙女

"Love will find a way."
恋に不可能はない

"If you would be loved, love and be lovable."
愛されたいなら、愛し、愛らしくあれ
ーベンジャミン・フランクリン／アメリカの政治家・著述家

"The door of opportunity is opened by pushing."
チャンスの扉は、押すことによって開く

"When shared, joy is doubled and sorrow halved."
分かち合えば、喜びは2倍に、悲しみは半分に

"It's better to have loved and lost than never to have loved at all."
愛を知らないより、愛し、失ったほうがどれほどましか
ーアルフレッド・テニスン／イギリスの詩人

Working & Learning
仕事や勉強

"We are what we repeatedly do."
積み重ねが自分をつくる
―アリストテレス／哲学者

"A problem is your chance to do your best."
困難こそがベストを尽くすチャンス
―デューク・エリントン／アメリカ人の音楽家

"If you think you can, or you think you can't, you're right!"
できると思えば可能だし、できないと思えば不可能だ
―ヘンリー・フォード／アメリカの自動車王

"It's never too late to learn."
学ぶのに遅すぎることはない

"Do the likeliest, and God will do the best."
人事を尽くして天命を待つ

"Too much rest is rust."
休みすぎは錆びる

"Everything has an end."
何ごとにも終わりがある

"He that nothing questions nothing learns."
何もたずねない者は何も学はない

"Turn your wounds into wisdom."
あなたの傷を知恵に変えなさい
―オプラ・ウィンフリー／アメリカの俳優、テレビ番組司会者兼プロデューサー、慈善家

"The first step is always the hardest."
最初の一歩が一番難しい

心が元気になる
英語の名言・格言集

Money & Success
お金や成功

"We aim above the mark to hit the mark."
成功したいのなら、人並み以上の努力をするんだ
—ラルフ・ウォルド・エマーソン / アメリカの思想家・詩人

"NO PAIN, NO GAIN."
苦労なくして得られるものはなし

"Never spend your money before you have it."
お金を手にしないうちから、お金を使うな

"Money is often lost for want of money."
お金がないために、お金を失うことはよくある

"HOPE FOR THE BEST AND PREPARE FOR THE WORST."
備えあれば憂いなし

"Easy come, easy go."
得やすいものは失いやすし

"Take care to get what you like, or you will end by liking what you get."
好きなものを手に入れるように心がけよう。さもないと、手に入れたものを好きになるのがオチだ
—ジョージ・バーナード・ショー / イギリスの劇作家

"Wishes never can fill a sack."
願うよりも稼げ！

"Never reveal the bottom of your purse or the bottom of your mind."
財布の底と心の底は人に見せてはダメ

"He is rich that has few wants."
足るを知る者は富む

Various Things in Life
人生いろいろ

"Today is the first day of the rest of your life."
今日という日は、残りの人生の最初の一日

"Life is sweet."
人生は楽しい

"I find the harder I work, the more luck I have."
一生懸命やればやるほど、幸運は訪れる
ートーマス・ジェファーソン／第3代アメリカ大統領

"When it is dark enough, you can see the stars."
暗闇でこそ星は輝く
ーラルフ・ウォルド・エマーソン／
思想家・詩人・哲学者・作家

"Variety is the spice of life."
いろいろあってこそ人生はおもしろい

"Keep a smile on your face till 10 o'clock and it will stay there all day."
10時までは笑顔を絶やさないように。
そうすれば、一日じゅう笑顔でいられるだろう
ーダグラス・フェアバンクス／俳優・アメリカ人

"The time to relax is when you don't have time for it."
忙しすぎるときこそ、休むべきとき
ーシドニー・ハリス／アメリカ人の作家

"After night comes the day."
朝の来ない夜はない

"Life is what you make it."
人生は心の持ちようでよくも悪くもなる

"So many men, so many minds."
十人十色、人の数だけ心は違う

毎日のいろいろな場面で
ちょこっと英語を楽しもう！

手帳の日記だけでなく、日常で英語を「書く」チャンスは、意外とあるものです。たとえばこんなシーン。本書の例文も使いこなして"ちょこっと英語"をさらに楽しんで。

和訳｜（カード、上から順に）
「お会いできて、とてもうれしかったです」「おめでとう！やったね！」「お心遣いに感謝します」「私のこと、気にかけてくれてありがとう」

Message Cards
メッセージカード

お礼やお祝いのカードに、英語のメッセージを添えてみましょう。P.132からのシーンで選べるイラストつきカード例文も役立てて。

ここを参考に
- メッセージカードテンプレート集 ▶P.132〜

和訳　健次へ
こんにちは！最近どう？
私は元気です。
先日、ゆみこと1泊旅行で京都へ行ったの。
あっという間の2日間だった〜。
楽しくて、帰りたくなかったよ。
いつか、あなたとも行けたらいいな。
つぎに会えるのを楽しみにしてるね！
体に気をつけて。またね！
みほより

Dear Kenji,

Hi!
How's everything?
I'm pretty good. ☺
The other day, I took an overnight trip
to Kyoto with Yumiko.
Two days finished in no time.
It was fun! I didn't want to come home.
Someday, I hope I can go there with you.
I'm looking forward to seeing
you next time!
Take good care of yourself.
Talk to you later!

From Miho

Letters to Friends
友達への手紙

海外にいる友達や英語好きの友達へ。おしゃべり感覚の手紙なら、日記の応用でも十分書けます。宛て先の書き方はP.130でご紹介。

ここを参考に
- 英語の手紙の書き方 ▶ P.130〜

ここを参考に
- マンスリー手帳の書き方 ▶ P.14
- コメント感情表現 ▶ P.42〜

3 2014 MARCH

SUNDAY	MONDAY	TUESDAY	WEDNESDAY	THURSDAY	FRIDAY	SATURDAY
						1 cleaning♪
2	3 2:00 pm skin clinic	4	5 3:00 pm workshop for working women in Shinjuku I learned a lot!	6 7:00 pm English lesson ABC	7	8 trip to a hot spring in Kusatsu excellent!
9	10	11 6:00 pm spa ♪ I fell asleep…zzz	12	13	14 8:00 pm Karaoke Party in Shibuya clap★	15
16 shopping© Gotenba outlet mall	17 7:00 pm concert Orchard Hall w/ Yumi ♪ I was so moved!	18	19	20 7:00 pm English lesson ABC	21	22 1:00 pm golf lesson ♪ feelin' good
23	24	25 all night! **Payday!**	26 Mom's Birthday Happy birthday!	27	28 7:00 pm girls' night out in Harajuku It was fun!©	29
30 first date♥ w/ Osamu pit-a-pat	31 ward office					

Calendar
カレンダー

手帳と同様、カレンダーも毎日のちょこっと英語にぴったりのツール。予定を英語で書いたり、コメントを入れて楽しみましょう。

和訳
| cleaning　掃除
| skin clinic　皮膚科
| trip to a hot spring　温泉旅行
| I fell asleep…　ウトウトしちゃった
| clap　パチパチ(拍手)
| I was so moved !　ちょー感動した！
| payday　給料日
| girls' night out　女子会
| pit-a-pat　ドキドキ〜
| ward office　区役所

> ここを参考に
> - コメント感情表現 ▶P.42〜

Photo Book
フォトブック

お気に入りの写真にも英語でひとこと、コメントを書いてアルバムに。見るたびに楽しくなるオリジナルフォトブックの完成！

和訳｜ケーキの写真
「20歳のお誕生日おめでとう！大好き」
料理の写真
「友達と、ウチ飲み。おいしかった」

ここを参考に
- ちょこっと3行日記 ▶P.58〜　ほか

facebookで英語日記

My dream has come true!
I climbed Mt. Fuji!
I enjoyed the sacred sunrise at the summit.
I definitely want to climb again!

twitterで自己紹介

Hi, I'm Maiko.
I'm in my late twenties.
I'm an office secretary.
I love traveling.
I'm into hot springs these days!

SNS
(Social Networking Service)

フェイスブックやツイッターなど、海外のSNSは英語の練習にぴったり。日記がわりに書き込んだり、外国の友達作りに役立てて！

和訳

facebook:
念願だった富士山に登ったよ！
頂上でご来光も拝めました
絶対に、また登りたいな〜

twitter:
こんにちは、マイコです
20代後半のOLです
旅行が大好きで
最近、温泉にハマっています！

\そのまま使える!/
英語の手紙の書き方 & メッセージカード テンプレート集

ちょこっと英語で、手紙やカードを書いてみませんか? お礼やお祝い、季節のご挨拶などにそのまま使える、英語メッセージとイラストをご紹介。カードの題字の「いいかえバリエ」で、さまざまなメッセージカードが書けます。

Writing Air Mail
エアメールの手紙

海外に住む友人や英語好きの人に、手紙やカードを送ってみませんか。宛名の書き方がわかれば、文面は自由。日記の応用で近況報告を！

宛名の書き方

▶ 封書の場合

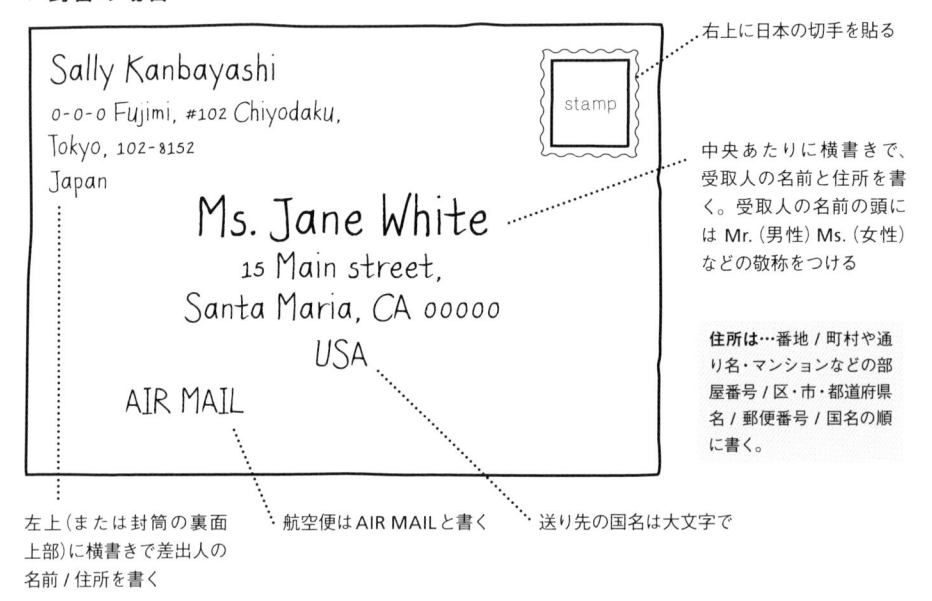

```
Sally Kanbayashi
0-0-0 Fujimi, #102 Chiyodaku,
Tokyo, 102-8152
Japan
            Ms. Jane White
              15 Main street,
             Santa Maria, CA 00000
                    USA
  AIR MAIL
```

右上に日本の切手を貼る

中央あたりに横書きで、受取人の名前と住所を書く。受取人の名前の頭にはMr.（男性）Ms.（女性）などの敬称をつける

住所は…番地 / 町村や通り名・マンションなどの部屋番号 / 区・市・都道府県名 / 郵便番号 / 国名の順に書く。

左上（または封筒の裏面上部）に横書きで差出人の名前 / 住所を書く

航空便は AIR MAIL と書く

送り先の国名は大文字で

▶ はがきの場合

基本は封筒と同じです。左側に手紙文を書き、右側の中央あたりに受取人の名前と住所、右上の切手の横やメッセージの下などに、差出人の名前と住所を受取人よりも小さく書きましょう。

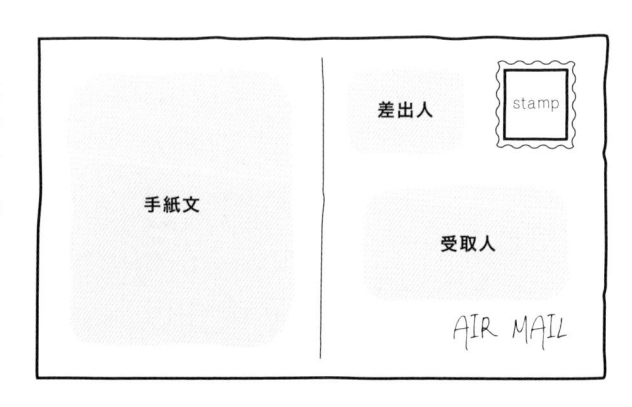

（手紙文 / 差出人 / 受取人 / stamp / AIR MAIL）

親しい人への手紙の書き方

Oct. 15, 2013 ····· 日付はあってもなくても OK

Dear Jane, ····· ○○様にあたる Dear ＋ファーストネームを一番上に書き、カンマをつける

Hello, Jane. ····· 本文の書き出しは、親しい人宛てには Hello, Hi, など気軽な挨拶で OK。読みやすい長さの文で自由に書いて
How have you been?
I've been doing well!

︙

I look forward to seeing you again.
Keep in touch.

Love,
Sally Kanbayashi

結び（ここでは Love）は右に寄せ、カンマを入れて改行して、自分の名前のサインを書く

和訳
ジェーンへ
こんにちは、元気にしてた？
私のほうは変わらず、元気よ！
（本文中略）
また、会える日を楽しみにしてるね。
連絡ちょうだいね。
愛を込めて
神林サリー

親しい人への書き出しの定番フレーズ

「やぁ」「サリーだよ！」「こんにちは」「元気？」など、以下はどれも友達への気軽なごあいさつ。書き出しは Dear が一般的で、親しい人にもフォーマルにも使えるので Dear を定番にすれば安心。

Hi, there!
Hey. It's me, Sally!
Hello my friend.
How are you doing?

結びの定番フレーズ

どれも日本語の「敬具」にあたります。親しい人には Love, （愛を込めて）がおなじみ。友達や恋人などには、自分の名前の後に「キス＆ハグ」の印である xoxo をつけてネイティブ風に楽しんで。

Sincerely,
Sincerely yours,
Yours always,
All the best,
Yours,
Yours as ever,
Love,
Your friend,

Thank you card
お礼のカード

贈り物をもらったり、お世話になった人に「ありがとう」のカードを。題字や簡単なメッセージを英語で書くと、身近な人にも新鮮です。

Thank you so much!

和訳｜どうもありがとう！

いいかえバリエ

Thank you very much.
どうもありがとうございます（よりていねい）

Thanks a lot!
ありがとね！

Thank you for your kindness

和訳｜お心遣いをありがとう

いいかえバリエ

I really appreciate your kindness.
心遣いに感謝いたします（よりていねい）

Warm Thanks.
心からの感謝を込めて…

Thank you for your support

和訳｜支えてくれてありがとう

Thank you with love

和訳｜ありがとう、愛を込めて

You make me happy ♥
Thank you

和訳｜あなたのおかげで幸せ♥ ありがとう

Thank you for inviting me

和訳｜誘ってくれて、どうもありがとう

Thanks for Everything

和訳｜いろいろとありがとう！

I always love your smile

和訳｜すてきな笑顔をいつもありがとう

ギフトに添えるひとこと

プレゼントやお礼、お返しなどの品に、こんなミニカードを添えてみては。

Here you are!

和訳｜よかったらどうぞ！（親しい人へのプチギフト）

いいかえバリエ

For you with love.
愛を込めて贈ります

To my best friend, Sally.
大切な友へ、サリーより

Birthday card
誕生日のカード

誕生日のプレゼントに添えたり、
カードだけ贈る場合も、
こんな英語を添えるとちょっとおしゃれ。
特別な思いがきっと伝わりますよ。

Happy Birthday
Enjoy the special day!

和訳｜お誕生日おめでとう　特別な日を楽しんでね！

▶ 描き文字のアレンジ

Happy Birthday　　Enjoy the special day
Happy Birthday　　Enjoy the special day

いいかえバリエ

Have a great birthday!
ステキな誕生日をお過ごしください

Count your many blessings, when counting candles on your cake.
ケーキのろうそくの数だけ、たくさんの祝福を数えてね

Best wishes for your 20th birthday!
20歳のお誕生日おめでとう！
（年齢をあえて入れたい身内や親友などに）

Filled with joy that never ends.
いつまでもずっと、喜びに包まれますように

Happy Halloween card
ハロウィーンのカード

10月31日の晩、アメリカの子供たちは "Trick or Treat"（お菓子をくれないといたずらするぞ）といいながら家々を訪ねます。
カードでもこのフレーズや言葉遊びを楽しみます。

> いいかえバリエ

Ghost wants to wish you a happy Halloween!
オバケもハッピーな
ハロウィーンを祈ってますよ〜

I am hoping you have a great Halloween. Stay safe!
とびきりのハロウィーンをお過ごしください。
気をつけて！

和訳｜ハッピー・ハロウィーン！
　　　楽しいトリック・オア・トリートを♪

St. Valentine's day card
バレンタインデーのカード

欧米では日頃の愛や感謝を伝える行事として、男女で互いにカードや贈りものをします。
ネイティブ流の言い回しで愛を伝えてみて。

和訳｜ハッピー・バレンタインデー！
　　　私の大切な人になって、永遠に

> いいかえバリエ

I always think about you. Today, let me try to say...I like you very much!
いつもあなたのことを思っています
この日に思いきって告白します…あなたが大好き！

Your love makes my life so much more interesting and fulfilling.
あなたの愛は、私の人生をいっそう楽しく充実させてくれます

Christmas & New Year card
クリスマス＆新年のカード

欧米では、クリスマスカードは日本の年賀状にあたるもの。新年のお祝いもいっしょに書きます。ネイティブ風に年賀状にかえて送ってみて！

Merry Christmas & Happy New Year!
Happy Holiday!

和訳 | メリークリスマス＆ハッピーニューイヤー！　どうぞ、楽しい休暇を！

Season's Greetings
Wishing you a Merry Christmas and a Happy New Year!

和訳 | 季節のご挨拶です　素敵なクリスマスと幸せな新年を！

> いいかえバリエ

I wish you a Merry Christmas and a Happy New Year.
すてきなクリスマスと新年をお祈り申し上げます
(よりていねい)

Blessings, love, and peace to you this Christmas.
今年のクリスマス、あなたに恵みと愛と
平安がありますように

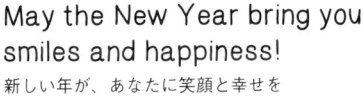

May the New Year bring you smiles and happiness!
新しい年が、あなたに笑顔と幸せを
もたらしますように！

Hoping you are surrounded by love and warmth this holiday season.
愛と温もりに包まれた冬休みが過ごせますように

パーティーの招待状を出そう

出欠伺いには R.S.V.P.（返信を頼む略語）をつけて。
たとえば「12月15日までにサリーに出欠のお返事を」は R.S.V.P. to Sally by Dec.15 に。

You've invited to our Christmas Party!
☆ Date : Dec.23
☆ Time : 7:00 p.m.〜
☆ Place : Sally's Residence

和訳　クリスマスパーティーにお招きします！
日付：12月23日
時刻：午後7時〜
場所：サリーの自宅

> いいかえバリエ

You're invited to Yumi's birthday party.
ゆみの誕生日パーティーにお招きします

You're invited to our year-end party.
忘年会にお招きします

You're invited to our New Year's party.
新年会にお招きします

Wedding card
結婚祝いのカード

欧米はレディファーストの文化。英語で「新郎新婦」と書く場合、Groom（新郎）よりもBride（新婦）が先にくるので注意してくださいね。

> Congraturations on your wedding!
> For the Bride and Groom with Best Wishes.

和訳 ご結婚おめでとう！ 新郎新婦のお二人のご多幸をお祈りします

いいかえバリエ

Finally, you've found Mr. Right!
とうとう理想の男性を見つけたのね！

Thank you for letting us be part of your special day.
私達を特別な日の一部にしてくれてありがとう
（※結婚式に出席する場合）

New baby card
出産祝いのカード

赤ちゃんの誕生は、人生で特別な出来事。ネイティブはカードにママやパパを励まし、ユーモアのあるお祝いの言葉を添えて贈ります。

> Congratulations on the arrival of the Baby!
> May your new baby boy (baby girl) bring you love and joy

和訳 赤ちゃんご誕生おめでとうございます！息子さん（お嬢さん）が愛と喜びをもたらしてくれますように！

いいかえバリエ

Your life will never be the same, but you will love the change.
あなたの人生が一変するでしょうね、でもその違いが愛おしいことでしょう

Looking forward to meeting him (her) soon.
赤ちゃんに会えるのが楽しみです
（男の子は him、女の子は her に）

New home card
引っ越し祝いのカード

引っ越しはワクワクする新生活の始まり。
新居に招かれたら、プレゼントといっしょに
楽しいカードを送ってムードを盛り上げて。

和訳｜新居を楽しんで!
　　｜これからはもっと遊びに行くね!

Enjoy your new home!
I wish visit you more often!

いいかえバリエ

Congratulations on your new home!
新居への引っ越しおめでとう!

Best wishes in your new house (apartment).
新しい家(マンション)への引っ越しを
お祝いいたします

Congratulations on your new job card
就職祝いのカード

新卒者の就職でも転職でも、新しい仕事は
new jobでOK。新しい門出を応援する
メッセージカードは、相手の心にも残るはずです。

和訳｜就職(転職)おめでとう!
　　｜新しい仕事があなたを
　　｜必要としていますよ!

Congratulations on your new job!
Your new job needs you!

いいかえバリエ

Good luck with your new job!
新しい仕事がんばって!

A new job is like a blank book and you are the author.
新しい仕事はいわば白紙の本、
作家はあなたよ!

本書に掲載した 五十音順 動詞INDEX

本書に登場している動詞の和訳を、五十音順にまとめました。
各単語の現在形と過去形を表示してあるので、
知りたい言葉の検索や、英語日記を書くのに
活用してください！

和訳	現在形	過去形	掲載ページ
あ			
会う	see	saw	P31
会う	meet	met	P31
遊ぶ	play	played	P85・86
(情報などを) 集める	collect	collected	P113
洗う	wash	washed	P90
歩く	walk	walked	P115
いいすぎる	go too far	went too far	P67
息が合う	hit it off	hit it off	P69
行く	go	went	P30・63・103・104
インフルエンザに感染する	catch the flu	caught the flu	P92
ウォーキングする	go walking	went walking	P59
ウケる	laugh	laughed	P42
歌う	sing	sang	P80
うとうと・寝落ちする	fall asleep	fell asleep	P51・60
売る	sell	sold	P77・111
エクササイズをする	excersise	exercised	P89
エントリーをする	enter	entered	P87
OKする	say yes	said yes	P66
お金を稼ぐ	make money	made money	P76
おしゃべりをする	chat	chatted	P60
お茶をする	have tea	had tea	P63
お弁当を作る	pack a lunch	packed a lunch	P83
覚える	memorize	memorized	P96・113
お参りする	pay a visit	paid a visit	P83
温泉に入る	take a hot spring	took a hot spring	P82
か			
解消する	relieve	relieved	P93
買いだめする	stock up on	stocked up on	P63
買う	buy	bought	P35・73・103・105・111・116・117
書く	write	wrote	P97
かみつく	bite	bit	P85
〜に通う	go to	went to	P113・115
感動する	be moved	was / were moved	P43・80
キープする	keep	kept	P88
聞く	listen	listened	P34・119
聞く	hear	heard	P34
傷つく	get hurt	got hurt	P42
キャンプをする	have a camp	had a camp	P86

和訳	現在形	過去形	掲載ページ
着る	wear	wore	P103
記録する	take a memo	took a memo	P115
暮らす	live	lived	P117
ケータイメールをする	text	texted	P65
ゲームをする	play games	played games	P60
結婚式を挙げる	have a wedding	had a wedding	P103
結婚する	get married	got married	P102・103
ゲットする	get	got	P69・97・114
健康診断を受ける	have a checkup	had a checkup	P93
検索する	search	searched	P95
恋をする	fall in love	fell in love	P45
(試験などに) 合格する	pass	passed	P106
(学校に) 合格する	get into	got into	P112
合コンに行く	go to a mixer	went to a mixer	P69
超える	exceed	exceeded	P89
心掛ける	try	tried	P109
さ			
〜を探す	look for	looked for	P111
サボる	skip	skipped	P59・87・89
参加する	join	joined	P73・104・108
参加する	participate	participated	P95
参加する・出席する	attend	attended	P108
残業する	work overtime	worked overtime	P70・111
散歩に行く	go for a walk	went for a walk	P58・59
時間を作る	make time	made time	P105・119
試験を受ける	take an exam	took an exam	P96
仕事をする	work	worked	P60
持参する	bring	brought	P77
〜し続ける	keep doing	kept doing	P115
支払う	pay	paid	P76
シビれる	freak out	freaked out	P84
就活をする	job-hunt	job-hunted	P73
(〜に) 就職をする	get a job at	got a job at	P106
昇給する	get a raise	got a raise	P107
昇進する	get promoted	got promoted	P72
上達する	improve	improved	P87・108
新幹線に乗る	get on Shinkansen	got on Shinkansen	P73
スッキリする	feel good	felt good	P58
捨てる	throw out	threw out	P119
ストレッチをする	stretch	stretched	P89
住む	live	lived	P102
〜する	do	did	P58・59
整理する	organize	organized	P108
節約する	save	saved	P111
掃除をする	clean	cleaned	P62・105
相談する	talk	talked	P109

和訳	現在形	過去形	掲載ページ
た			
楽しむ	enjoy	enjoyed	P65
食べる	have / eat	had / ate	P32・61・86・115
試す	try	tried	P118
ダンスをする	dance	danced	P89
断念する	give up	gave up	P117
チェックする	check	checked	P118
誓う	swear	swore	P67
遅刻する	be late	was/were late	P59
注文する	order	ordered	P61
挑戦する	try	tried	P82
貯金する	save	saved	P75・110・111
ツイートする	tweet	tweeted	P97・113
（お金などを）使いすぎる	spend too much	spent too much	P77
使う	use	used	P111
作る	make	made	P61・83・104
連れて来る	bring	brought	P61
出会う	meet	met	P64
デートをする	have a date	had a date	P37・65
出かける	go out	went out	P62
できる	make it	made it	P43
手に入れる	get	got	P115
テニスをする	play tennis	played tennis	P87
電話をする	call	called	P36
同棲する	live together	lived together	P102
友だちを作る	make a friend	made a friend	P79・113・117
（資格などを）とる	pass	passed	P112
（点数などを）とる	score	scored	P113
な			
泣く	cry	cried	P60・80
〜になる	become	became	P104・117
2泊する	stay for two nights	stayed for two nights	P83
眠る	sleep	slept	P60
寝る	go to bed	went to bed	P60・115
登る	climb	climbed	P86
飲み過ぎる	drink too much	drank too much	P80
飲む	drink	drank	P80・115
（自転車などに）乗る	ride	rode	P111
は			
（サークルなどに）入る	join	joined	P87
始める	start	started	P74・111・116・118
走る	run	ran	P86・87
パックをする	have a mask	had a mask	P115
話す	talk	talked	P105
（英語などを）話す	speak	spoke	P112・118
早起きする	wake up early	woke up early	P58
昼寝する	have a nap	had a nap	P62

和訳	現在形	過去形	掲載ページ
フェイスブックをする	be Facebooking	was / were Facebooking	P118
不合格になる	fail	failed	P96
プランを立てる	make a plan	made a plan	P118
（恋人を）ふる	dump	dumped	P68
プロポーズする	propose	proposed	P69
勉強する	study	studied	P96・108・111・113
勉強をがんばる	study hard	studied hard	P96
訪問する	visit	visited	P73
保湿する	moisturize	moisturized	P90
ほめる	say nice	said nice	P119
ま			
マッサージを受ける	get a message	got a massage	P90
学ぶ	learn	learned	P48・94
真似をする	copy	copied	P104・118
（センスなどを）磨く	develop	developed	P117
見つける	find	found	P117・119
見る	see	saw	P33
観る・見る	watch	watched	P33・62・97・113
ムダ使いをする	waste money	wasted money	P76・111
メールをする	mail / email	mailed / emailed	P36・104
目が覚める	wake up	woke up	P47
メモする	take a note	took a note	P109
申し込む	sign up	signed up	P104
模様替えをする	rearrange	rearranged	P62
もらう・受けとる	receive	received	P75
や			
（パンなどを）焼く	bake	baked	P83・84
やり終える	finish	finished	P39
やり直す	try again	tried again	P117
酔っぱらう	get drunk	got drunk	P80
夜ふかしする	stay up late	stayed up late	P60
読む	read	read	P58・108・109・111・118・119
ら			
ランチをする	have lunch	had lunch	P79
ランニングする	run	ran	P80・89
理解する	understand	understood	P105
リサーチする	find	found	P104
（海外に）留学する	study abroad	studied abroad	P112
料理をする	cook	cooked	P61・105
旅行をする	travel	traveled	P117
旅行をする	take a trip	took a trip	P83・116
練習をする	practice	practiced	P87・118
連絡をする	contact	contacted	P118
わ			
別れる	break up	broke up	P68
忘れる	forget	forgot	P60

profile

神林サリー
かんばやし・さりー

英語インストラクター、学習カウンセラー、英文学学士。子どもの頃から英語の楽しさに目覚め、独学でバイリンガルに。アメリカ留学後はモデルをしながら通訳・翻訳学校でプロの英語を習得。オーストラリアでの就労、大手英会話学校講師、外資系企業の秘書、営業、通訳を経て、フリーの英会話インストラクターとしてレッスンや講演会、セミナー開催、教材作成に携わる。趣味は英語のJOKE集め。ブログや著書『英語で手帳を書こう』(弊社刊)『Sally先生のバイリンガル英会話学習法』(研究社)が好評。

● blog：
「SallyのバイリンガルDiary～人生ワンランクアップさせる一日6分の英語講座～」
http://ameblo.jp/becomebilingual/

● 参考文献：
『人生が変わる英語の名言』
晴山陽一著：青春文庫
『英語で読む世界の名言』
デイビッド・セイン著：アスコム

staff

編集 ❀ 山崎さちこ　堀井明日香
　　　（シェルト*ゴ）
デザイン ❀ いわながさとこ
イラスト ❀ やのひろこ
撮影 ❀ 田中庸介（アフロ）
スタイリング ❀ 伊藤みき（triĉko）
校正 ❀ くすのき舎

英語で手帳に
ちょこっと日記を書こう

著　者	神林サリー
発行者	永岡純一
発行所	株式会社永岡書店
	〒176-8518
	東京都練馬区豊玉上1-7-14
	代表　03-3992-5155
	編集　03-3992-7191
DTP	センターメディア
印　刷	ダイオープリンティング
製　本	ヤマナカ製本

ISBN　978-4-522-43218-1　C2076⑥
落丁本・乱丁本はお取り替えいたします。
本書の無断複写・複製・転載を禁じます。
Copyright©Sally Kanbayashi,2013